Gerhard Uhlenbruck

# *Die Wahrheit lügt in der Mitte*

## Gedanken zum Bedenken

Ralf Reglin Verlag Köln

Die Deutsche Bibliothek - CIP-Einheitsaufnahme

**Uhlenbruck, Gerhard**:

Die Wahrheit lügt in der Mitte : Gedanken zum Bedenken. - Köln : Reglin, 1999

ISBN 3-930620-24-3



Ralf Reglin Verlag • Silkestr. 3 • 50999 Köln

Fotos: Archiv G. Uhlenbruck

Druck: Druckerei Krieser & Reglin, Köln

Printed in Germany

*Ich bin eigentlich ganz anders,*
*aber ich komme selten dazu.*

Ödön-von-Horváth

## Lebensablauf: Stark gekürzt, schwach gewürzt

Als Sohn eines typischen Vaters (außerdem Univ.-Prof. für Innere Medizin) und einer geborenen Mutter (Tochter aus rein zufällig nicht minderbemitteltem Hause) erblickte ich das elektrische Licht der Universitätsfrauenklinik Köln, dem Austragungsort für das Nachspiel der Liebe meiner verständnisvoll geliebten Eltern am 17. Juni 1929 im Zeichen des Zwillings.

Übrigens: 276 m von der Uni-Frauenklinik entfernt arbeite ich noch heute: Genau so weit habe ich es im Leben gebracht ! Als echter Kölner (waschecht mit Rheinwasser getauft, katholisch) wurde ich im Domhotel, wo auch die von meinem Großvater gesponserte Hochzeit sich abspielte, gezeugt, rein rechnerisch kommt das genau hin.

Es sollte die einzige Rechnung sein, die in meinem Leben aufging. Da mich die Schule trotz einer brillenlosen Kurzsichtigkeit, welche durch die Weitsichtigkeit meiner Eltern übersehen wurde, bis zum Abitur nicht schaffte, entwickelte ich mich zu einem weltfremden Menschen: Ohne genauen Anblick hatte ich auch keinen guten Durchblick. Später wurden mir auch die Menschen dieser Welt fremd und ich suchte in der Wissenschaft vom Heilen mein Heil. Dort hatte ich mit Menschen zu tun, die noch weniger mit Menschen zu tun hatten, es waren eher Großhirn-Kannibalen, die an BSE litten (Besonders schlitzohriger Ehrgeiz).

Aber meine Mutter sagte schon, ich sei nur einmal groß herausgekommen im Leben und das bei meiner Geburt, als ich klein ins Leben hereingekommen sei. Die Mentalität meines Vaters traktierte mich mit mentalen Tritten, damit ich in seine Fußstapfen trete, wenn er mal nicht mehr auftreten und abtreten sollte. Das tat ich dann auch auf dem Umweg über viele Fettnäpfchen. Wenn man sie zählen wurde, müsste man mich zur Gattung der Tausendfüßler rechnen, aber leider wurde ich nicht eigenartengerecht aufgezogen, es war wie in einer geistigen Legebatterie. Denn um meinem Vater nicht auf den Fuß zu treten, studierte ich, obwohl überzeugter Hypochonder, ausgerechnet Medizin, die mir schon vom Hörensagen immer Angst eingeflößt hatte.

Dass ich trotz eines verbummelten Studiums in Köln und eines „flüchtigen" Aufenthaltes in London und Cambridge doch noch Abteilungsleidender Prof. zur besonderen Verendung wurde, festigte meinen Glauben an die Allmacht der Gene und die Ohnmacht des freien Willens. Mit der Wirkung der Gene habe ich mich später im Nebenfachbereich Blutgruppenkunde erfolgversprechend beschäftigt, wobei mir gelegentlich geniale Fehler unterlaufen sind, aus denen andere dann viel gelernt haben. Als eine Lungenflügelerkrankung (Sarkoidose) mich zum Pechvogel machte, strandete ich in der Biochemie, wo ich neue Ufer entdeckte. Es wurde daraus eine fast erotische Beziehung, da mich nur das schöne outfit der Zellmembran interessierte, was aber damals den Kern der Sache traf. Bevor mich Erfolge in den Sattel hoben und ich auf hohem Ross saß, sattelte ich um auf Immunbiologie, ein Steckenpferd, welches mir sogar Preise eingebracht hat. Und das, obwohl meine Hauptarbeitsgebiete waren: Verwaltung der kaum vorhandenen Mittel, Befriedigung des Ehrgeizes meiner Mitarbeiter und die Produktion von neuen Ideen ohne geistige Anleihe. Ich erinnerte mich: Früher in der Schule durfte man nicht sitzen bleiben, wenn man was werden wollte, jetzt an der Hochschule musste man sitzen bleiben, wenn man was werden wollte.

Meine Karriere verlief vom ausgebuhten bis zum ausgebuchten Professor, aber manches, was ich noch für mich behalte, das kann sich sehen lassen. Da ich nichts aus mir gemacht habe, haben sich die anderen nichts aus mir gemacht. Ja, man spielte mir übel mit, was ich wohl oder übel mitspielen musste. Wer Blößen zeigt, wird eben bloßgestellt, und den Nackten trifft der blanke Hohn. Schließlich liegt mir daran, das zu tun, was mir liegt und woran mir etwas liegt. Oft habe ich angenommen, dass ich mich dabei übernommen habe, habe aber nichts dagegen unternommen. Doch manch einer, der sich für meinen Nachfolger hielt, spurte nicht und ging hinter mir in meiner Spur: Er hinterging mich, um hinter meinem Rücken hervorzugehen. Für viele wurde ich auch zur Einstiegsdroge, weil ich gerade eben so gut war, dass ich den Ehrgeiz anderer anstachelte, es besser machen zu können. So habe ich viele auf den Weg gebracht, den Weg, der ihnen dann auch was gebracht hat. Ein weiser Wegweiser weist den Weg.

Leider hat sich eine gewisse Leichtlebigkeit schwerwiegend auf mein Leben ausgewirkt: Man sagt, ich sei nymphomanisch-depressiv. Für kurze Zeit ging es mir auch ausgezeichnet, das war, als ich ausgezeichnet worden war für einige ausgezeichnete Arbeiten.

Aus Vorsicht nehme ich immer Rücksicht auf andere in der Hoffnung, dass sie Nachsicht walten lassen. Auf meinem T-Shirt steht hinten: „Ich habe alles falsch gemacht" und vorne: „Ihr habt alle recht !" Dieses T-Shirt ist mir näher als das Hemd, was auch nicht immer meine Kragenweite ist, weil ich oft einen dicken Hals bekomme bei dem, was man alles herunterschlucken muss. Als Vorwurf habe ich schon eine Todesanzeige entworfen: „Mit Rücksicht auf andere hat er eigentlich gar nicht richtig gelebt." Die Wirklichkeit anderer stand der Selbstverwirklichung immer im Wege. Da ich mein Leben schon abgeschrieben habe, musste ich nun anfangen, es aufzuschreiben. Titel: „Alles kein Thema !" Denn seitdem durch Alterungsprozesse immer weniger neues Leben in meinem Kopf ist, habe ich mein altes Leben immer mehr im Kopf. Deshalb liebe ich meinen Lebenslauf als Gedächtnisstütze für alternde Hirnzellen, Krücken, auf denen sich der Geist noch bewegen kann. Was man früher für einen Geistesblitz hielt, kann heute schon Vorbote eines Schlaganfalls sein. Andererseits bin ich es aber auch meinem Namen schuldig, dass ich mich sehr kauzig verhalte. Und als Uhu klebe ich natürlich an meinen alten Geschichten, mit denen ich mich selbst geleimt habe.

Da bei meinem vielbeschäftigten Vater meine Mutter zuhause das Sagen hatte, begriff ich sehr bald, woher der Ausdruck „Muttersprache" herkommt. Mein Vater setzte dem dann einen gewissen „Mutterwitz" entgegen, das erste Phänomen einer immunologischen Abwehrreaktion, die mir in meinem Leben, abgesehen von der Diphtherie-Impfung, begegnet ist. Später versuchte ich selbst dann, mit diagnostischen Ein-Satz-Möglichkeiten die erworbene, aber inzwischen verdorbene Immunität der Mitmenschen gegenüber verschiedenen charakterlichen Schwächezuständen zu stärken, indem ich, sensibilisiert durch die eigene Fehlverhaltungsforschung, mit spitzer Feder und dem Adiuvans Humor den angereicherten (Sch)impftoff ihnen unter die Haut jubelte, damit sie durch Gegengiftbildung eine gewisse Resistenz gegenüber der seelischen Belastung durch die zwischenmenschliche Umfeldausnutzung erwerben, wobei allergische Reaktionen der Leser durch Nichtverkauf in Kauf genommen wurden. Da man von einem Medizin-Professor annimmt, dass er reich ist, also viel Geld hat, was bei mir nie der Fall war, habe ich mich immer als Germanistik-Professor ausgegeben und so war ich eine Tages tatsächlich gezwungen, zu schreiben. Dann entwickelte ich den Ehrgeiz, den Literaturpreis der Bundesärztekammer für Schriftstellerärzte zu bekommen. Da ich jedes Jahr durchfiel mit meiner Bewerbung, schrieb ich jedes Jahr ein neues Buch. So erklärt sich meine Produktivität aus einer uneinsichtigen Sturheit (siehe letzte Seite).

Heute friste ich mein befristetes Leben als Immun- Entertainer (Immunology-light) und Anlageberater für die Erbanlagen von Studenten und Startern ins Leben. Denn Leben ist der nie endende Versuch, glücklich(er) werden zu wollen.

*Gerhard Uhlenbruck*

*Im-Monologe*

*ehem. Amateur-Boxer*
*des BC Westen Köln*

*Als Bücherwürmchen beim Gedanken lesen – .*

*(1936)*

Im Alter wird man weitsichtig: Man sieht das Haar in der Suppe des anderen, aber nicht den Balken im eigenen Auge !

Sich im Alter verlieben ist normal, aber wiedergeliebt wird man meistens nur von sich selbst.

Im Alter hat man manchmal alles, aber es kann passieren, dass man dann sie nicht mehr alle hat.

Im Alter muss man auf dem Posten sein, damit man einen Posten hat, denn, wenn man seinen Posten verloren hat, steht man auf verlorenem Posten.

Altern: Ihm fiel auf, dass ihm das Gedachte nicht im Gedächtnis blieb.

Altern: Ihm fiel immer mehr auf, dass ihm immer weniger einfiel und dass er mehr Ausfälle als Einfälle hatte.

Sich versorgen macht Sorgen - so beginnt man im Alter den Morgen.

Altern bedeutet die allmähliche Umwandlung von Lebensqualität in Lebensquantität.

Hohes Alter: Im Diesseits schon im Abseits aber noch nicht im Jenseits.

Was die Last des Alterns so bedrückend macht, das sind die Altlasten, die einen bedrücken als Folge von Jugendlastern.

Im Alter vergisst man oft, dass man vergesslich ist.

Im Alter beschäftigt uns ein Gefühl: Das Gefühl noch beschäftigt zu sein.

In der Jugend kostet die Erfüllung von Wünschen Geld, welches man nicht hat; im Alter kostet sie Zeit, die man nicht mehr hat.

Die Zeitbombe Altwerden: Irgendwann tickt man nicht mehr richtig - .

Nicht das Alter macht den Menschen alt, sondern alte Vorstellungen über das Alter.

Bisher spielte das Alter nur eine Rolle: Dass man die Rolle des alten Menschen spielt.

Wenn man im Alter nicht alt aussieht, sieht man heute ganz schön alt aus - wegen eines alten Vorurteils.

Der Clou im Alter ist der Clan: Kopf hoch als Oberhaupt - !?

Im Alter vergeht einem das Lachen - nur die Falten bleiben.

Im Alter spricht man auf die Ansprüche anderer immer weniger an.

Alter schützt nicht vor der Torheit seiner Mitmenschen.

Alter: Kein Anlass nachzulassen, aber ein Anlass für den Nachlass !

Im Alter hat man eine Genugtuung: Man hat genug zu tun.

Im Alter lassen die Kräfte nach: Man verkraftet keine Enttäuschungen mehr, am wenigsten die über sich selbst.

Beim alternden Gehirn sinkt die Einfallsquote während die Einfaltsquote steigt, oft als ausfallende Zote.

Im Alter behält man nichts mehr, aber man behält auch nichts mehr für sich - !

Im Alter halte ich den Mund - und auf diese Weise mein Niveau.

Ich zahle dem Alter Tribut: Von den Zinsen leben die Epigonen.

Aphorismen: Scharfsinnige Sätze gegen den Stumpfsinn.

Als Aphoristiker darf man nicht auf dumme Gedanken kommen, wenn man keine klugen Ideen mehr hat.

Ein guter Aphorismus ist gleichzeitig auch eine vielsagende Überschrift.

Aphorismen sind Nahrungsmittel fürs Gehirn, aber auch hierbei gibt es gesunde Vitamine, geistige Spurenelemente und mentale Ballaststoffe.

Aphorismen sind auch Lese-Zeichen als Lebenszeichen.

Aphorismen: Wortschöpfungen als Wertschöpfungen oder Nachdenkliches zum Umdenken ?

Manche Aphorismen sind wie Kinder, die aus der Beziehung eines Sprichworts mit einer persönlichen Lebensweisheit hervorgegangen sind.

Die Gedanken kreisen immer wieder, wenn sie nicht in Form von Sätzen dingfest gemacht werden: Auch eine Definition von Aphorismen.

Aphorismen sind auch kurzgefasste therapeutische Hilfssätze, welche zu den Selbstheilungskräften des Autors gehört haben, eine Art Erfahrungsheilkunde durch individuelle Variationen sprichwörtlicher Wahrheiten.

Ein Aphorismus sagt mit wenigen Worten in einem Satz soviel Vielsagendes wie möglich.

Aphorismen: Aufgeschrieben, was mich aufgerieben.

Aphorismen: Redewendungen, um sie bei Reden zu verwenden ?

Hass verstärkt sich, wenn das Feindbild zum Spiegelbild wird.

Aphorismen: Auf jeden Fall mehr als Einfälle für alle Fälle.

Ich mache mir Notizen, in der Hoffnung, dass man davon Notiz nimmt.

Plagiat: Ich nahm zur Kenntnis, dass mir andere meine Kenntnisse nahmen.

Dem guten Arzt geht es heute selten gut, aber seinen Patienten, denen es schlecht geht, denen geht es bei ihm immer gut.

Der Internist will schwarz auf weiß vom Radiologen wissen, was dieser weiß auf schwarz sieht: Arztbericht.

Zwei Ärzte - drei Meinungen (mit Gutachter), zwanzig Ärzte - eine Lehrmeinung, zweihundert Ärzte - ein Erfahrungsaustausch darüber.

Humane Medizin zeigt sich darin, wie sich der Arzt zu seinen wenig zahlenden Nicht-Privatpatienten verhält.

Compliance: Der behandelnde Arzt wird durch den handelnden Patienten ergänzt.

Um eine Verschlechterung des Krankheitsbildes abzuwenden, muss der Arzt manche Fragen überhören und der Patient manche Antworten überhören.

Als Arzt sollte man sich trotz Zeitmangel auf die Auslassungen der Patienten einlassen: Beichte ist oft ein Beginn von Besserung.

Erfolgreiche Therapie: Der Arzt im Patienten muss sich mit den Ärzten um den Patienten einig sein.

Das Prinzip Hoffnung in der Klinik: Der Patient sollte sich für jede Überraschung gut sein, und der Arzt von allem Guten jederzeit überrascht.

Ärztliche Aufklärung für einen abgeklärten Patienten, das ist bei einer schweren Krankheit selten klar zu entscheiden.

Ein guter Arzt hat sich während seiner Ausbildung alle Krankheiten schon einmal eingebildet, ein weniger guter Arzt ist eher eingebildet, weil sich bei ihm noch nie eine Krankheit ausgebildet hat.

Die Pessimisten unter den Ärzten sind immer die besten Diagnostiker !

Als Arzt muss man verstehen lernen, was der Patient einem zu verstehen gibt.

So wie es den geborenen Arzt gibt, so gibt es auch den geborenen Patienten.

Als Arzt muss man täglich die Theorie mit der Praxis in Einklang bringen.

Der Arzt müsste mehr Verständnis haben als Verstand, während der Patient mehr verstehen müsste, um sich verständlich machen zu können: Verständigungsschwierigkeiten.

Hoffnungslos ist der Arzt nur gegenüber der unerbittlichen Eigendynamik von Krankheitsverläufen, gegen die er machtlos ist.

Wenn man schon ein vegetatives Würstchen ist, sollte der Arzt seinen Senf dazugeben, um Selbstheilungskräfte scharf zu machen.

Technische medizinische Anwendung ohne menschliche Zuwendung bedeutet Abwendung vom Patienten, der sich zum Arzt hinwenden will.

Compliance: Der Patient gehorcht am ehesten dem Arzt, der ihm auch Gehör schenkt.

Jeder Arzt glaubt zu wissen, dass der Patient seinem Wissen auch glaubt.

Wenn der Arzt den Patienten wieder auf die Beine stellen will, muss er ihm auch unter die Arme greifen.

Privatpatienten-Honorar: Der Arzt spendet dem Patienten Trost, und der Patient tröstet den Arzt durch eine Spende - !

Die Verschlossenheit eines Patienten kann auch ein Schlüsselerlebnis für den Arzt sein: liegt es an ihm?

Dem Arzt geht es gut, wenn die Praxis läuft. Den Patienten geht es gut, wenn sie laufen. Weshalb sollte der Arzt den Patienten Beine machen, auf dass sie ihm laufen gehen ? -

Idealismus ist ideal - für den, der daran glaubt.

Selbstschutz: Mit spitzen Bemerkungen kann man sich auch einigeln.

Das Wort Herzensbrecher erinnert mehr an Eisbrecher, andernfalls müsste es ja auch Herzenszerbrecher heißen.

Sparmaßnahmen: Die Forschung geht mit Mann und Maus unter.

Kriminalität kann auch die Revolution Frustrierter sein.

Betrug: Falsche Versprechen können richtige Verbrechen sein - auch in der Liebe.

Was Schuldzuweisungen anbetrifft, so wird bei leeren Kassen meist aus dem Vollen geschöpft.

Es gibt die stillen Stars - und die Stars um die es nie still wird.

Erinnerungen gleichen einem Buntfoto, welches im Laufe der Zeit in eine Schwarzweißfotografie übergeht.

Schweigen ist Gold: Bankgeheimnis. Auch Judengold ?

Die Macht der Gewohnheit ist die gewöhnlichste, aber auch gefährlichste Form der Macht.

Tretmine Rechtschreibreform: Vorsicht wenn man betretene Mienen macht, falls im zweiten Wort das „e" wegfällt.

Anpassung: Wer eingerastet ist, rastet nicht mehr aus.

Karriere: Es genügt nicht, besser zu sein als andere, sondern man muss sie überragen und ihnen weit voraus sein: Den Uneinholbaren versucht man auch nicht mehr zu erreichen.

Therapie: Gut Ding will Eile haben.

Neidvermeidung: Man muss sich klar darüber sein, dass man die anderen im unklaren lassen muss.

Normale Enttäuschung: Sie hatte sich einen ihr entsprechenden Mann vorgestellt, doch dieser Mann entsprach nicht ihren Vorstellungen.

Fortschritt bedeutet auch fort schreiten - auf einem anderen Weg, in eine andere Richtung.

Dickschädel zerbrechen sich seltener den Kopf.

Konkurrenz heißt im wortwörtlichen Sinne: „zusammenlaufen" - um den anderen dann überholen und abhängen zu können.

Innere Emigration: Man geht in sich, um zu sich zu kommen.

Eigentum, das sind die Altertümer des Egoismus.

Steuer: Bei dem, was einem zum Wohl des Staates zugemutet wird, ist einem nicht wohl zumute.

Arbeitslosigkeit: Man hält sich alle Türen offen, aber keiner rennt sie einem ein - !

Die Ausnahme bestätigt die Regel: Es gibt auch Ärzte, die einen krank machen können - .

Emeritierung: Man kann noch gut reden, hat aber nichts mehr zu sagen; früher war man eine Unterhaltung wert, heute hat man nur noch Unterhaltungswert.

Den Stallgeruch satter Zufriedenheit nannte man früher „Bürgerlichen Mief", heute „Etablierte Gesellschaft".

Die Erlebnisgesellschaft meint: Es kann nicht aller Tage Alltag sein !

Kreativität ist die Fähigkeit scheinbar unzusammenhängende Fakten so miteinander zu verknüpfen, dass kein gordischer Knoten dabei entsteht.

Boulevardpresse: Fettgedrucktes schwimmt immer oben - auf diese Weise kann man gut absahnen.

Arbeitslosigkeit: I can get no job satisfaction - !

Konkurrenz: Man läuft zusammen - alle gegeneinander (wörtlich genommen); Konkurs: Nichts läuft mehr zusammen - alle laufen auseinander.

Geschichte ist wie ein Baugrund: Mit seinen Bodenschätzen und Altlasten.

Er fuhr fort, immer fortzufahren: Reiselust.

Steuererklärung: Für den Beleg eines Nutzens ist der Beleg von Nutzen.

Das einzige Kleidungsstück, welches Hand und Fuß hat, ist der Handschuh.

Beziehungsklüngel: Man möchte den anderen für sich gewinnen, um für sich etwas zu gewinnen.

Selbstschutz: Man tut sich die Dinge nicht an, die einem was antun könnten.

Sinngemäß ist Comedy gemäßigter Unsinn.

Treue heißt: Bei dem Guten bleiben und das Beste daraus machen, obwohl es Besseres gibt, was auch gut wäre.

Bücher mit Aphorismen sind der Versuch, den Informationsmüll so zu sieben, dass Körnchen an Wahrheit übrigbleiben.

Jogging: Wenn er lief, ging ihm manches durch den Sinn.

Vorruhestand: Es ist schwer, auf dem Abstellgleis die Weichen neu zu stellen.

Stoff liefert Kleidung, Kleidung liefert Gesprächsstoff: Mode.

Langeweile, das ist selbstverordnete Arbeitslosigkeit.

Arbeitslosigkeit: Wie stellt man es an eingestellt zu werden, und wie stellt man sich ein, um angestellt zu werden ?

Hoffnung heißt, an die Möglichkeit des Unmöglichen glauben zu können.

Freiheit ist auch ein Sieg über die Angst ohne Angst vor Niederlagen.

Ruhestand: Keine Körperverletzung, aber oft genug eine Geistesverletzung.

Disziplin heißt die Summe aller Möglichkeiten zugunsten einer Möglichkeit zu begrenzen.

Toleranz: Man muss jedem zugestehen, dass er zu sich steht.

Training bedeutet die Wiederholung von Bewegungsabläufen zum Zwecke der Leistungssteigerung. Trainingsverlust bedeutet die Wiederholung von Bewegungsarmut bis zum Leistungsabfall. Gilt auch für geistige Beweglichkeit.

Lobhudelei: Es sind auch schon Leute an einer Weihrauchvergiftung gestorben

Freiheit: Tun und lassen können, was man will; Unfreiheit heißt: nicht tun und nicht lassen können, obwohl man es will.

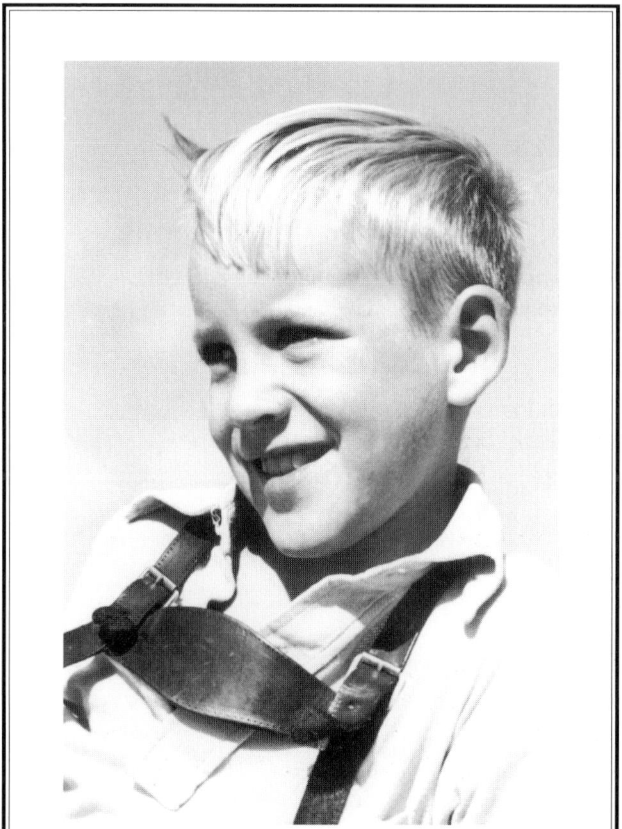

*Ohne Brille sieht der Kurzsichtige die Dinge noch unscharf*

*(1938)*

Ein Prominenter ist jemand , der dauernd für sich werben kann, weil er von den Medien umworben ist.

Heimat: Wir besuchen Orte der Erinnerung, um das zu suchen, an was wir uns noch erinnern können.

Schönheit: Nackt sein können ohne sich dabei eine Blöße zu geben.

Distanzlosigkeit: Wenn der andere zu sehr aus sich herausgeht, geht man in sich.

Diplomatie heißt: Kaltschnäuzig um den heißen Brei herumreden können.

Oft setzt sich der Ehekrieg der Eltern in einem Bruderkrieg fort: Genetisch bedingt.

Mein Bruder heftete sich an meine Fersen - an meine Achillesfersen.

Ich bin ein zweieiiger Zwilling: Mein Bruder ist kein Weichei ! Er erreichte das gleiche wie ich, nur mehr.

Mein Bruder ist mir täuschend ähnlich, deshalb täusche ich Unähnlichkeit vor.

Rücksichtslos hatte die Familie ihm sein Leben genommen, aber mit Rücksicht auf die Familie nahm er sich nicht das Leben.

Drum prüfe, wer sich ewig bindet, wo vor dem Ehestand sich jetzt der Kontostand befindet.

Wer in einer Zweierbeziehung das Sagen hat, ist meistens auch der, welcher den Anrufbeantworter bespricht.

Viele medizinische Laien reden von der Medizin wie ein katholischer Priester von der Ehe.

Die Ehe ist eine geradezu fesselnde Seilschaft, bei der jeder den Kopf in der Schlinge hat.

Wer seine Braut über die Schwelle trägt, erkennt selten die ganze Tragweite.

Die Axt im Hause erspart das Kriegsbeil im Ehekrieg.

Rosenkrieg: Dieser Ehekrieg ist unter aller Kanone, weil man sein Pulver schon verschossen hat und zum Nahkampf übergegangen ist.

Mancher Ehekrieg findet nicht statt, weil der Mann eine Friedenspfeife ist !

Früher suchte er Mädchen mit viel Geld, heute sucht er mit viel Geld Mädchen: Von der Ehe ohne Nähe zur Nähe ohne Ehe.

Dem Ehebruch geht meist schon ein Knacks voraus.

Der Hausfreund ist wie ein blinder Passagier, der im Hafen der Ehe heimlich an Bord kommt.

Ehe: Wenn man jemanden mit Haut und Haaren liebt, sagt man Hals über Kopf nolens volens Ja und Amen, um dann mit Ach und Krach mit ihm durch dick und dünn zu gehen, wobei man wohl oder übel mal nach rechts oder links schauen muss.

Wenn man noch nicht einmal während der TV-Werbung etwas zu sagen hat, dann hat man sich in einer Ehe wirklich nichts zu sagen.

Der Ehevertrag ist ein Vertrag, der besagt, dass man sich in der Ehe vertragen soll, auch wenn es ums Geld geht.

Ehe: Was hat man davon, wenn man nicht mehr zu haben ist ? Wer diese Frage stellt, stellt sie in Frage !

In der Ehe gibt es keine eheliche Pflicht, nur eine eheliche Kür.

Manche Frauen versuchen mit der Erziehung ihrer Kinder auch das Kind im Manne mitzuerziehen.

Emeritus, der pensionierte Professor, ist immer noch ein passionierter Professor: Früher redete er nur von seinen Arbeiten, heute arbeitet er nur noch an seinen Reden.

Pensionierung sollte nicht dazu dienen, per Gesetz die Veralzheimerung der noch vorhandenen Intelligenz einzuleiten.

Emeritierung bedeutet die durch ein veraltetes Gesetz eingeleitete vorzeitige Veralzheimerung professoraler Intelligenz im Sinne einer noch nicht strafbaren vorsätzlichen Geistesverletzung - !

Pensionierung: Der Tor hat seine Schuldigkeit getan, der Tor kann gehen.

Wenn das eigene Leben abgeschlossen ist, heißt das noch lange nicht, dass man jetzt für das Leben anderer aufgeschlossen ist.

Die Freiheit des anderen ist immer die Freiheit des Unangepassten.

Die doppelte Moral der Immobilienhaie ist für sie schon die halbe Miete.

Der innere Schweinehund: Oft ein Schaf im Wolfsfell.

Es ist gemein, den anderen so einzuwickeln, dass er das Gefühl hat, sich nicht mehr warm anziehen zu müssen.

Vertrauen ist gut, Kontrolle ist besser - von vertrauenswürdigen Kontrolleuren !

Verletzte Eitelkeit infiziert sich oft mit Hassgefühlen.

Man tut sich die Dinge nicht an, die einem was antun könnten.

Wer im guten Glauben Gutes tut, der muss wohl an das Gute glauben - .

Man sollte anderen keinen Gefallen tun, wenn man ahnt, dass man im nachhinein daran keinen Gefallen mehr hat.

Freiheit heißt, alle Möglichkeiten nutzen zu können, um Nutzen für sich und andere zu ermöglichen.

Man sollte nichts Gutes tun, wenn es einem nicht gut tut.

Ich muss tun, was ich will und wollen, etwas nicht tun zu müssen.

Bei Frauen mit magnetischer Anziehungskraft fällt es dem Mann schwer, der ruhende Pol zu sein - .

Frauentraum: Traumfrau zu sein !

Männer-Persönlichkeiten imponieren, Frauen-Persönlichkeiten beeindrucken.

Früher ging er auf Parties, um die richtige Frau zu suchen, heute geht er auf Parties, um die falsche Frau zu verlieren.

Verheiratete Frauen lieben besonders dann sehr leidenschaftlich, wenn sie wissen, dass ihr Ehemann davon keine Ahnung hat.

Frauen wollen glücklich sein, Männer wollen immer noch glücklicher sein !

Der Heiratsauftrag der Frau erfüllt sich im Heiratsantrag des Mannes.

Es gibt drei Arten männlichen Trostverhaltens; die einen suchen Trost bei Frauen, die anderen trösten Frauen und die dritten vertrösten ihre Frau - .

Sie hielt ihn an der kurzen Leine, daraufhin seilte er sich ab.

Der Vater des Erfolges wird meist totgeschwiegen, vor allem wenn es sich dabei um eine Frau handelt.

Anmache: Oft wird die Lust der Frau durch das Lustige des Mannes geweckt.

Pubertätsverlauf: Zuerst hatte er Frauen mit Erfahrungen, dann erst Erfahrungen mit Frauen.

Die Hausfrau hat sich mit dem Haus zu beschäftigen, die Ehefrau mit der Ehe und die berufstätige Frau - hat sich mit dem Beruf des Mannes zu beschäftigen ?

Nicht die Frauen im Leben eines Mannes zählen, sondern das Leben eines Mannes mit den Frauen zählt.

Wenn eine Frau die Hosen anhat, zieht der Mann die Hosen selten aus.

Viele Frauen glauben, dass ein Mann mit Humor es ernst mit ihnen meint.

Das Parfüm einer Frau kann uns an der Nase herumführen.

Der Rosenkrieg einer Scheidung kann auch andere Ehen aus dem Dornröschenschlaf wecken !

Die schönsten Komplimente für Frauen sind die, die von völlig chancenlosen Männern gemacht werden, denn sie sind hoffnungslos ehrlich.

Manchen Frauen muss man Steine in den Weg legen, damit sie den Weg zu einem finden: Edelsteine !

Manche Männer suchen sich die richtige Frau aus wie einen passenden Anzug: Sie muss ihn nur gut kleiden !

Er unterstützte seine Frau, indem er sie auf Händen trug, aber er hob damit nicht ihr Ansehen, weil man glaubte, dass er sie nur auf den Arm nimmt.

Durch die moderne Kosmetik werden die Frauen einander immer ähnlicher ohne miteinander verwandt zu sein.

Psychobiologie: Der an Geist reiche Mann erregt den Körper der Frau, während umgekehrt der Körper der Frau den Geist des Mannes anregt.

Sei kein Frosch, sondern ein Prinz, denkt manche Frau, die ihren Mann am liebsten an die Wand knallen möchte.

Für die meisten Männer wäre die eigene Frau das Naheliegendste, aber daran denken sie nicht im entferntesten !

Der Mann, der mit einer schönen Frau liiert ist, wird auch immer wieder nach anderen Frauen sich umsehen, so, wie der Besitzer eines Kunstwerkes auch immer wieder ins Museum gehen wird.

Es gibt Frauen, die sind härter als die Diamanten, die sie tragen, und man weiß, dass ein Diamant nur von einem Diamaten besiegt werden kann - .

Sie bestimmte ihn fremd, dadurch entfremdeten sie sich.

Im Magnetfeld einer schönen Frau wirkt der eiserne Wille eines Mannes eher positiv.

Anmache: Der Mann testet seine Erregbarkeit und die Frau wird durch diesen Test erregt.

Es gibt so schöne Frauen, dass das einzig mögliche Kompliment nur eine Liebeserklärung sein kann.

Vor der Ehe wird der Frau der Himmel auf Erden versprochen, nach der Hochzeit aber landet sie oft in des Teufels Küche !

Im Zweifelsfalle entscheidet sich der Mann immer für die schönere Frau, und die schönere Frau immer für den reicheren Mann.

Wer sich einen Mann angeln will, sollte nicht mit der kurzen Leine beginnen.

Manche Witwe ist ihrem verstorbenen Mann treu - mehr als vor seinem Tod - .

Wer eine reiche Frau heiratet, lässt sich sein Glück sponsern.

Wenn Männer immer an dasselbe denken, ist es nicht immer dasselbe, aber immer das gleiche — meinen die Frauen.

Frauen, sagte der Macho, unterschlagt eure Beine nicht, schlagt sie lieber übereinander !

Freunde sind uns um so angenehmer, je weniger unangenehm sie unserem Image werden können.

Freunde in der Not haben selten für dich Brot.

Freundschaft hört da auf, wo die Liebe zum Geld stärker ist. Liebe hört da auf, wo die Freundschaft zu reichen Menschen stärker ist.

Bei aller Freundschaft: Manchmal sind gute Beziehungen eben doch besser !

Man tut sich selbst keinen Gefallen, wenn man falschen Freunden einen Gefallen tut, der einem nicht gefällt.

Erfolgreichen Freunden gegenüber wird man oft unfreundlich, weil man ihrem Erfolg feindlich gesonnen ist.

Mein lieber Freund und Kupferstecher - wehe, wenn du abkupferst.

Ein Freund ist jemand, der nicht in Urlaub ist, wenn man ihn braucht.

Zu einem erfolgreichen Freund wird man unfreundlich.

Beim Geld hört die Freundschaft auf - oder fängt das Freundlichsein an.

Feindbilder bevölkern unsere Alpträume, von Freunden träumen wir tagsüber.

Wenn einer dem anderen die Fäden aus der Hand nimmt, dann können auch Freunde einander spinnefeind werden.

Schlimmer als Feinde sind Freunde, die zum Feind übergelaufen sind.

***Schon damals Befürworter des Bewegungstrainings, denn Bewegung im Leben kann manches bewegen.***

***(1955)***

Eigenlob stinkt, Freundeslob hinkt und Feindeslob linkt !

Freunde sind Menschen, die in aller Freundschaft etwas von einem wollen, ohne viel geben zu müssen.

Freundschaft heißt auch, an seinen Selbstgesprächen andere teilhaben zu lassen.

Der Neid ist die gehässigste Form der Anerkennung - eines Freundes.

Die Freundschaft zwischen Arzt und Patient muss immer einseitig bleiben - wenn sie halten soll.

Die Lust scheint unsterblich zu sein, zumindest die Lust auf Geld und Geltung.

Zeit ist Geld: Wieviel Geld verschwenden wir doch mit den Frauen !

Wir wollen nur mit den Dingen Geld verdienen, die uns Spaß machen, um dann mit diesem Geld Dinge zu kaufen, die uns Spaß machen.

Geldverdienen wollen, das ist die einzige Sucht, die nicht zu heilen ist, selbst Ärzte sind da machtlos.

Die Anziehungskraft des Geldes sorgt für Ebbe und Flut in den Kassen.

Geld ist die höchste Form des materiellen Glücks.

Geld passt in jedes Türschloss, sogar in das von verschlossenen Herzen.

Der Weg ist das Ziel: Der Weg zum Geld.

Wer Geld besitzt ist reich, wer Geld verwaltet oder verteilt, ist ebenfalls reich - reich an Beziehungen und sogenannten Freunden !

Man kann sich ruhig weit aus dem Fenster lehnen, solange man dabei auf seinem Geld sitzen bleibt.

Früher klappte es mit dem Sex, immer wenn man das Glück hatte, im Alter hat man Glück wenn es immer noch mit dem Sex klappt.

Beim Glück möchte man, dass es möglichst lange andauert, beim Unglück möchte man, dass es möglichst schnell ungeschehen wird.

Das Glück anderer empfinden wir oft als Ungerechtigkeit des Schicksals.

Glück kann Zufall aus Notwendigkeit sein: Zufällig Notwendiges Glück !

Wer das Glück auf Dauer will, hat auf die Dauer kein Glück.

Sein Glück soll man für sich behalten: Mitgeteilte Freud ist der anderen Neid.

Glück ist das Erfolgserlebnis aller gesundheitsfördernden Gefühle.

Glück, das ist die Sterblichkeit unsterblicher Gefühle.

Glück, das ist der Gipfel der Gefühle - umgeben von Wolke sieben !

Glück, das ist eine Wirklichkeit als Tagtraum.

Glück ist, wenn ein Traum Realität wird, Unglück ist, wenn ein Alptraum Realität wird.

Versicherungen sind die legalisierte Form des Glücksspiels: Wenn man Glück hat, gibt es einmal einen Hauptgewinn, in der Regel aber bekommt man nur einen Bruchteil des Eingezahlten wieder heraus.

Wenn man einmal das große Glück erlebt hat, kann einen ein kleines Glück wenig beglücken.

Es gibt keinen Kampf ums Glück, nur Glück im Kampf gegen das Unglück.

Glück kann nicht immer nur Zufall sein, denn es gibt Menschen, die haben immer zufällig Glück.

Verstand haben ist Glückssache, aber Glück haben ist keine Sache des Verstandes.

Der Deutsche bastelt an seinem Glück wie an seinem Häuschen mit Gärtchen.

Das Glück der Erde liegt für viele auf dem Rücken der Steckenpferde.

Gesundheit, das ist Glück in den Anlagen, die Anlage glücklich werden zu können und das Glück richtig angelegt zu haben.

Krankheit wirft uns aus der Bahn - wenn wir Glück haben in eine andere !

Erfolg ist wie das Glück: Auf die Dauer werden wir unzufrieden und möchten mehr davon.

Glück im Unglück ist immer noch besser als Unglück im Glück !

Das Glück will man wahrhaben, das Unglück will man nicht wahrhaben.

Alleinsein macht nicht glücklich, aber oft zufriedener, weil man in Frieden gelassen wird.

Humor resultiert aus der Erkenntnis, dass eine lächerlich-absurde Realität zum Weinen ist.

Humor schafft vertikal Distanz und horizontal Nähe.

Ein Witz ist die Würze des Humors, wenn er gesalzen und gepfeffert ist.

Der Witz entsteht durch einen elektrischen Funken zwischen zwei nicht verwandten Hirnwindungen.

Am häufigsten wird über nicht-verstandene Witze gelacht, weil keiner sich eine Blöße geben will. Deshalb werden gute Witze nicht so schnell weitererzählt.

Ein guter Witz kann in Köln Karriere machen - an Karneval.

Durch einen alten Witz kann man es sich bei jungen Leuten verscherzen.

Ein guter Witz ist spitzfindig: Er kriegt auch die Wahrheit spitz !

Porno-Witze und politische Witze haben eins gemeinsam: Man weiß nie, ob man durch sein Lachen auch zeigen darf, dass man sie verstanden hat.

Humor: Schmunzeln beseitigt Runzeln, bei manchen Witzen verschwinden sogar die Ritzen - .

Der Witz gewichtet das scheinbar Unwichtige: Dadurch kippt die Sache ins Lächerliche.

Wenn man mit dem Humor ernst macht, versteht der Humorlose keinen Spaß !

Humor ist auch, wenn man die Dinge untertrieben übertreibt.

Humor ist die Metaphysik des Absurden.

Wenn man baden gegangen ist, gibt es eine gute Schwimmweste: Den Humor !

Wer als Verlierer den Humor verliert, hat doppelt verloren.

Der Witzige ist zum Brüllen: Als Gesellschaftslöwe langweiliger Parties.

Humor ist der Optimismus der Hoffnungslosen.

Der Humor bemüht sich um Verständnis für eine absurde Wahrheit.

Humor ist der innere Sieg über einen äußeren Sieger.

Humor entspringt der Hoffnung, dass man derjenige ist, der zuletzt lacht.

Humor: Scheitern kann auch erheitern, vor allem wenn die Gescheiten erleben ihre Pleiten.

Bei trockenem Humor muss so manch einer Tränen lachen.

Eine Hand wäscht die andere - auch beim Geldwaschen.

Klüngel ist ein menschlicher Weichmacher für harte Geschäftsmenschen.

Klüngel ist ein zwischenmenschlicher Handel für den Handel zwischen Menschen.

Heute kann man sich mit Schmiergeld anstandslos überall einführen.

Eine Hand wäscht die andere: Beim Kölner Klüngel zeigt sich, dass das auch mit zwei linken Händen geht.

Was heute zählt, sind die Zahlen, die man zahlen kann und Erfolgszahlen, bei denen Zahlungen erfolgten.

Klüngel: Eine Hand wäscht die andere - im Handumdrehen.

Wenn eine Hand die andere wäscht, schaut man sich nicht so genau auf die Finger.

Wenn eine Hand die andere waschen kann, dann reibt man sich die Hände, nicht nur als Chirurg !

Eine Hand wäscht die andere: Klüngeln gehört zum "Handwerk" !

Klüngel: Man ist sich gefällig, weil es beiden Seiten gefällt.

Klüngel: Es gefällt einem, anderen einen Gefallen zu tun, wenn der andere einem den Gefallen tut, gefälligst das gleiche zu tun.

Klüngel: Was nützt ein Versprechen, wenn es keinen Nutzen verspricht?

Kölner Klüngel: Der unscharfe Wettbewerb - mit aller Schärfe humorvollen Untertreibens.

Wenn eine Hand die andere wäscht, wäscht man sie sich in Unschuld wieder sauber.

Wenn der Kölner die Hand im Spiel hat, hat er auch das Spiel in der Hand: Klüngel.

Wenn eine Hand die andere wäscht, hat man sich jede Art von Handgreiflichkeiten erspart.

Wenn eine Hand die andere wäscht, arbeitet man sich gegenseitig in die Hände.

Eine Hand wäscht die andere im Handumdrehen, denn es liegt auf der Hand, dass es unter der Hand besser geht, vorausgesetzt dass diese Handlangerdienste nicht überhand nehmen.

Eine Hand wäscht die andere - aber so, dass keiner die Hand vor den Augen sehen kann.

Die Hand, die das Geld zum Fenster herauswirft, nennt man die öffentliche Hand, die Hand, die das Geld unter der Tür durchschiebt, das ist die nicht-öffentlich benannte Hand.

Klüngel ist der Versuch, den Sumpf der Korruption dadurch trocken zu legen, indem man durch Beziehungskanäle das Wasser auf die eigene Mühle umleitet.

Kölner Klüngel: Das Paradies auf Erden schafft man nicht, indem man Himmel und Hölle in Bewegung setzt, sondern indem man Hintz und Kuntz bewegt, etwas zu tun.

Das Drum und Dran des Klüngels besteht darin, dass es drunter und drüber geht, bevor man drauf und dran ist, ohne wie und aber aufzugeben.

Kölner Klüngel: Man hält immer die schützende Hand über die nützende Hand.

Klüngel: Schmierseifenoper, bei der die Westen von schwarzen Schafen weiß gewaschen werden - !

Klüngeln macht klug und clever: So sind bei der Kölnerin Schönheit und Verstand immer miteinander verwandt - !

Der Klüngel sorgt in Köln dafür, dass man wirtschaftlich hochkommen kann ohne charakterlich allzusehr herunterzukommen.

Kölner Klüngel: Man steckt nur die Köpfe zusammen, wenn man sich auch riechen kann !

Beim Klüngeln steht das kommunikative menschliche Profil im Vordergrund - auf dem Hintergrund eines kommerziellen Profits.

Politik ist die öffentliche Fortsetzung des nicht-öffentlichen Klüngels mit öffentlichen Mitteln zum Mittel der Veröffentlichung.

Wenn eine Hand die andere gewaschen hat, dann lacht man sich ins Fäustchen.

Klüngel ist die Geschäftigkeit mit Geschäften unter Einhaltung des kürzesten Dienstweges auf dem man dem anderen zu Diensten ist.

Beim Klüngeln wäscht eine öffentliche Hand die andere - nicht-öffentlich !

Klüngel bewirkt eine Art von Kreisverkehr: Man verkehrt immer in den gleichen Kreisen.

Kölscher Klüngel ist, wenn alteingesessene Vaterfiguren mit Hilfe ihrer Muttersprache Kölsch rheinische Vetternwirtschaft betreiben.

Kölner Klüngel: Profit durch Protektion tritt oft anstelle von Profil durch Profession.

Klüngel: Man ist dem anderen zu Diensten, wenn der andere zu Diensten bereit ist, die dem ersten dienlich sind.

Beim Klüngeln macht man sich die Hände nicht schmutzig, da eine Hand die andere wäscht.

Das Zweckdienliche heiligt die Mittel des Klüngels.

Klüngel heißt, auch bei undurchsichtigen Geschäften den Durchblick haben.

Klüngel heißt auch: An dunklen Geschäften seine helle Freude haben.

Der Klüngel unter der Hand behält stets die Oberhand - und sei es Hand an Handy !

Der Kölner Klüngel versucht das Prinzip, dass die öffentliche Hand uns in die Tasche greift, umzukehren.

Wer die Fäden in der Hand hat, kann die Puppen tanzen lassen.

Klüngel: Wenn man schon im Trüben fischt, muss man auch den Durchblick haben.

Kölner Klüngel: Der Umweg ist nicht abwegig, er ist zwar nicht der rechte aber der richtige Weg.

Eine Hand wäscht die andere: Beidseitige Manipulationen !

Beim Kölschen Klüngel muss man die Hintermänner auf Vordermann bringen.

Wenn eine Hand die andere wäscht, kann man sich unmöglich die Finger verbrennen, es sei denn, man benutzt heisses Wasser !

Der Kölner Klüngel verbindet das Nützliche mit dem Angenehmen, ohne dass es unangenehm wirkt.

Klüngel geschieht aus dem Bauch heraus und hinter dem Rücken.

Klüngel: Man sieht es den Verdienten nicht an, dass nur einer dem Ansehen des anderen dient.

*Die Biochemie macht nachdenklich: Assistent am Physiologisch-chemischen Institut der Universität zu Köln*

*(1956)*

Klüngel: Gefälligkeiten gefallen dem Kölner, vorausgesetzt, andere lassen gefälligst die Finger davon, wenn eine Hand die andere wäscht.

Klüngel heißt, dass einem auf diversen Schleichwegen keiner auf die Schliche kommt.

Klüngeln lässt die Kassen klingeln und die Massen tingeln: Schlussverkauf.

Klüngel: Wenn man bei krummen Touren die Kurve kriegt, kann nichts schief gehen.

Eine Hand wäscht die andere: So hat man den Klüngel in der Hand und im Griff.

Klüngel: Nach allen Regeln der Kunst wird auch alle Kunst in Köln geregelt.

Blut ist dicker als Wasser mit dem eine Hand die andere wäscht: Vetternwirtschaft.

Der Kölner hat immer alle Hände voll zu tun, weil eine Hand die andere wäscht.

Manch ein Kölner hat mit dem Vogel, den er hat, den Vogel abgeschossen.

Der Kölner liebt für sein Leben gerne und lebt gerne für seine Liebe: Die Lust am Leben ist eng mit der Lust zu lieben verbunden.

Heimat ist das verbliebene Unvergängliche, was einen erinnert, und die bleibende Erinnerung an Unvergängliches. So ist das starke Heimatgefühl der Kölner auf den Kölner Dom zurückzuführen.

Erreicht der Kölner nicht sein Lebensziel, so liegt es wahrscheinlich am Lebensstil.

Der Kölner ist nicht käuflich, er ist nur zu höflich, um Geldangebote abzulehnen.

Der Kölner ist tolerant: Er lässt andere hochkommen, wenn er dabei etwas abbekommt.

Instinkt: Der Kölner hat eine Nase für Menschen, die er gut riechen kann !

Gegenüber seinen Mitmenschen pflegt der Kölner die Erotik des Zwischenmenschlichen mit Gesprächen über Allzumenschliches.

Der Kölner schwimmt gerne gegen den Strom - schon aus Angst in Richtung des wenig geliebten Düsseldorf abgetrieben zu werden.

Der Kölner ist kontaktfreudig, aber konfliktscheu - .

Der Kölner schwankt oft zwischen todernst und lebenslustig.

Der Kölner unterscheidet zwischen Sex-Appeal und Sex-Appetit: Das erste hat man, das zweite kriegt man durch die, die das erste haben.

Der Kölner ist ein Freund: Wer mit ihm per Du ist, ist nicht perdue !

Der Kölner bleibt stets auf dem Teppich, damit man ihn nicht hochheben kann, um zu sehen, was er alles unter den Teppich gekehrt hat.

Obwohl der Kölner Spass an der Liebe hat, spasst er nicht mit der Liebe - !

Da der Kölner Spass an der Freude hat, freut er sich über jeden Spass !

Der Kölner liebt das Liebesspiel, aber er spielt nicht mit der Liebe.

Wer in Köln einmal Fuß gefasst hat, nimmt die Beine nicht mehr in die Hand - er bleibt.

Der Kölner sucht für seine Gedankengänge verwandte Seelenlandschaften und zum Freien wandert er gerne im Freien.

Bützen ist für den Kölner der Beginn einer Zuneigung, falls der andere nicht von Anfang an abgeneigt ist.

Der Kölner entwickelt mentale Fitness, indem er gegen einen Strom von Selbstmitleid anschwimmt.

Kölner Mädchen haben Sex in den Augen und Ohren für die Liebe, und nicht nur Augen für Sex und Liebe nur für die Ohren.

Wenn der Kölner fremdgeht, dann nur, um das Heimweh nach seinem Partner zu testen, ebenso wie er in die Fremde fährt, um das Heimweh nach Köln so richtig geniessen zu können.

Der Gestrauchelte schlägt sich in die Büsche - und kommt mit einem Blumenstrauß zurück: Der Kölner ist immer ein reuiger Sünder !

Das, was den Urkölner an den zugezogenen Kölnern gelegentlich ärgert, ist die übertriebene Kölschwerdung dieser Noch-nicht-Kölner.

Kölsch: Obergäriges mit Tiefgang ohne zuviel Schaum.

Wer den Kölner mit seinem Humor nicht ernst nimmt, hat nichts zu lachen.

Der Kranke wird durch die Krankheit fremdbestimmt, während er selbst seine Umgebung fremdbestimmt.

Der Kranke kann es oft nicht fassen, dass er schon auf alles gefasst sein muss: Das Unfassbare bringt ihn vollends aus der Fassung.

Krankheit isoliert - und erleichtert so das Loslassen.

Die beste Krankheit taugt nichts, wenn man nicht das beste für seine Gesundheit daraus macht.

Wenn uns Krankheit einmal vorübergehend ans Bett bindet, sollte man die Gelegenheit wahrnehmen, sich von anderen Bindungen für immer zu befreien !

Krankheit: Das ist ein zufälliges Unglück, welches wir am liebsten ungeschehen machen wollen oder durch Schadensbegrenzung bremsen.

Krankheit entsteht nicht nur durch den Unsinn, den man im Leben gemacht hat, sondern auch durch das Sinnvolle, was man nicht gemacht hat.

Schickimicki: Alles was Rang und Damen hat !

Egoismus: Vieles spricht dafür, dass vieles dagegen spricht.

Was zur Last wird, wird einem lästig, abgesehen vom Laster.

Blinder Hass kann nur entstehen, wenn auch die Liebe schon blind gemacht hat.

Einbildung ist die Selbstbefriedigung, Bewundertwerden die Befriedigung der Eitelkeit.

Mobbing: Trete und arbeite !

Das, was wir im Leben herunterschlucken müssen, schlägt uns oft auf den Magen.

Eine Faustregel des Lebens lautet, dass man mit Fingerspitzengefühl weiter kommt.

Eine der kritischsten Übungen im Leben: Selbstkritik zu üben.

Im Herbst des Lebens fallen die Blätter - man nimmt auch keines mehr vor den Mund.

Richtig leben kostet Zeit, falsch leben kostet Lebenszeit.

Drei Grunderfahrungen des Lebens: Es gibt keine Gerechtigkeit, das Böse siegt meistens und alles dreht sich ums Geld.

Manch einer hat sein Leben nicht in der Hand, weil er nicht begriffen hat, wie er es in den Griff bekommen kann.

Am Ende des Lebens sieht man sich am Ziel - als Zuschauer.

Er hatte den Bogen heraus im Leben - den Ellenbogen.

Auf lange Sicht zählen nur die schönen Augenblicke in einem langen Leben

Wenn ein Leben daneben gegangen ist, wird man zum Außenseiter.

Warum machen wir uns nach der Vertreibung aus dem Paradies das Leben zur Hölle?

Die Dinge des Lebens erhalten ihre Bedeutung für uns durch das, was sie in unserem Denken bedeuten: Der Kopf entscheidet über Hauptsache oder nebensächlich.

Oft heißt sich fügen sich belügen und um sein eigenes Leben betrügen.

Leben heißt: Die Welt erleben und die Welt beleben.

Das Leben besteht aus der augenblicklichen Gegenwart, der Gegenwärtigkeit vergangener Augenblicke und der gegenwärtigen Situation, in der man der Zukunft in die Augen blickt.

Erlebnisgesellschaft: Alles was uns im Leben anmacht, macht das Leben aus ?

Auch Vegetarier wünschen sich, dass sie Schwein im Leben haben.

Das Leben - ein Abfahrtslauf, in dessen Piste die Mitmenschen Schikanen eingebaut haben, damit man aus der Bahn geworfen wird.

Sein Leben verlief nicht zufriedenstellend, weil er immer andere zufrieden stellen musste.

Sein Leben war verfahren, weil er andere ans Steuer gelassen hatte.

Am Ende des Lebens: Enkel gut, alles gut ?

Da ihm vieles im Leben versagt blieb, entwickelte er sich zu einem Versager.

Wenn man sein Leben nicht mehr in der Hand hat, zerrinnt es einem zwischen den Fingern .

Softy: In seinem Leben sind die Weichen auf „weichen" gestellt - auch der Weichere gibt klugerweise nach !

Er hatte im Leben die Wahl zwischen totärgern und totlachen: Er wählte den Mittelweg und lachte sich krank.

Freizeitgesellschaft: Früher arbeitete man für den Lebensunterhalt, heute arbeitet man für die Unterhaltung im Leben.

Das Leben ist inzwischen viel zu anstrengend für einen einzelnen Menschen geworden - .

Man muss das Leben nehmen wie es ist, und sich nicht das Leben nehmen, wenn es nicht so ist.

Was einem das Leben verleidet: Dass man unter den Menschen leiden muss, die man nicht leiden kann.

Was wir von unserem kurzen Leben erwarten: Eine lange Lebenserwartung - !

Viele zweifeln am Leben nach dem Tod, weil sie am Leben vor dem Tod schon verzweifeln.

Lebensunterhalt: Wenn man seinen Bedarf decken will, bedarf das der finanziellen Deckung.

Am Ende einer Lebensgeschichte erzählt man ohne Ende Geschichten aus seinem Leben.

Weder bei unserer Geburt noch bei unserem Tod geht es gerecht zu; dazwischen liegen die Ungerechtigkeiten, die man das Leben nennt.

Ein Lebenslauf besteht auch aus der Summe der genetisch bedingten unvermeidbaren Fehler, plus der Fehler durch eigenes Fehlverhalten und der Fehler, die wir durch den fehlenden Einfluss anderer nicht vermieden haben.

Wenn ich mich nicht hätte, könnte ich das Leben und die Mitmenschen nicht ertragen.

Lebenskunst heißt Zeitverschwendung in Zeitverwendung umwandeln zu können: Anstelle sinnloser Verteilung sinnvolle Einteilung.

Psychotherapeuten sind Souffleure auf der Bühne des Lebens.

Vom Kuchen seiner Lebenszeit schenkte er anderen die Hälfte, das ließ ihn den Rest doppelt genießen.

Lebensaufgabe: Das Ziel ist der Weg - auf Umwegen, umweltbedingt.

Der Wunsch lange zu leben ist ein langlebiger Wunsch.

Alles im Leben beruht auf Beziehungen, d.h. auch auf denen, die man nicht hat.

Was hält uns am Leben? Das, was uns am Leben gefällt !

Besonders lichte Momente im Leben sind die, wenn man sich seiner dunklen Seiten bewusst wird.

Wir müssen begreifen, wie wir das Leben in den Griff bekommen, ohne uns dem Zugriff anderer auszuhändigen, wodurch wir unser Leben aus der Hand geben würden.

Lässliche Sünden im Leben: Das was wir zulassen, das wovon wir nicht ablassen, das was wir überlassen oder unterlassen, indem wir es nicht veranlassen, sowie das, was wir hinterlassen.

Als Pendler genießt man das Leben in vollen Zügen.

Unser Leben rechnet sich nicht nach Jahren, sondern nach Lebenstagen, an denen wir gelebt haben - und nach einigen sehr lebendigen Nächten.

Richtig leben heißt unnötige Zeitverschwendung in nützliche Zeitverwendung umwandeln zu können.

Im Leben gibt es keine doppelte Buchführung: Viele gute Dinge gingen auf mein Konto, sind aber nie dort aufgetaucht.

Was hat einem das Leben gebracht ? Das Unwiederbringliche !

Leben besteht und lebt aus den Gegensätzen von Polaritäten und dem Wechsel der Zeiten: Beständig ist nur die Wiederkehr in verschiedenen Formen.

Wer sich immer herumkriegen lässt, kriegt auch so sein Leben herum - nur in die falsche Richtung.

Um Gotteswillen den eigenen Willen durchsetzen, sonst geht das Leben zum Teufel.

Gewohnheiten können das Leben quantitativ verlängern, während das Außergewöhnliche unser Leben qualitativ bereichern kann.

Er war im Laufe seines Lebens über Leichen gegangen, aber die wurden in seinem Lebenslauf übergangen.

Mit Rücksicht auf andere nicht gelebt: Manche stellen mit ihrer Verantwortung für andere ihr eigenes Leben in Frage.

Nicht das durchgemachte Leben ist von Bedeutung, sondern das durchdachte Leben.

Sex verbessert die Lebensqualität, vermindert aber die Liebesqualität.

Leben heißt: Wie stelle ich es an, meine eigenen Vorstellungen durchzusetzen und mich von den Nachstellungen anderer abzusetzen ?

Lebensabend: Die eigene Sonne geht unter, aber die Sterne der Kinder und Kindeskinder gehen auf.

Wie wir ins Leben kommen, ist Zufall, wie wir ums Leben kommen, ist ebenfalls Zufall.

Bevor wir das Leben abgeben, sollten wir das Leben weitergegeben haben: Biologische Unsterblichkeit als Trost.

Oft ist im Leben ausschlaggebend, was man ausschlägt.

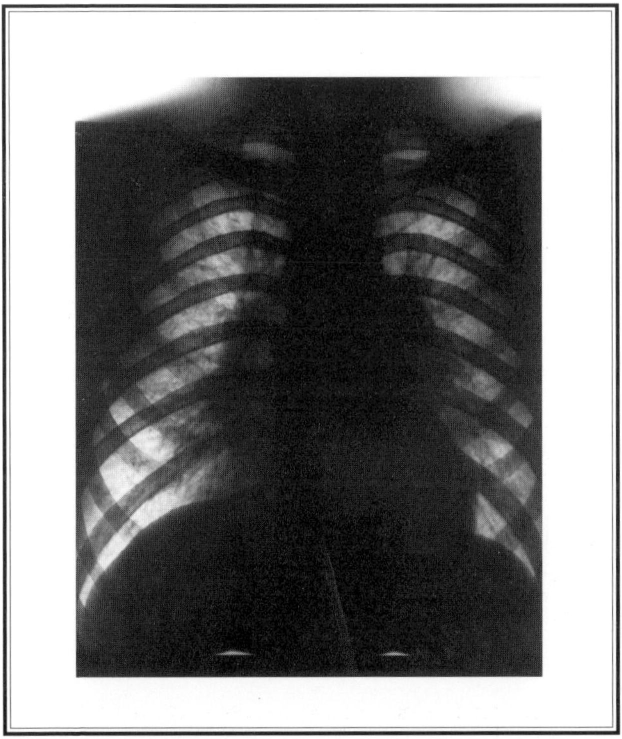

*Erkrankung an Lungen-Sarkoidose -*
*Inspiration damals als atemberaubendes Luftholen,*
*da lungenflügellahm !*

*(1957)*

Das Wichtigste Gefühl im Leben: Spüren wann man wo und wem seine Gefühle offen zeigt.

Die eigentliche Sinnfindung im Leben besteht in der Suche nach dem Sinn im eigenen Leben.

Wer im Leben nur dient, hat sich auch den Tod verdient.

Wer einmal im Leben zu Boden geht, sollte nicht für immer "zugrunde" gehen !

Das, was man verinnerlicht hat, beherzigt man, das, was man durchdacht hat, bedenkt man auch.

Nutzanwendung im Leben: Tue nur, was dir nützt, und nütze nur denen, die was für dich tun.

Mittelpunkt des Lebens ist der zu einem passende Kreis, Schwerpunkt des Lebens aber ist der uns entsprechende Radius.

Leben, das ist auch die ewige Wiederkehr des gleichen Fehlverhaltens.

War das Leben eine segensreiche Zeit, ist man das Zeitliche zu segnen auch bereit.

Er kam nicht drum herum, dass man ihn immer wieder herumkriegte, und so kriegte er sein Leben herum.

Manch einer hat ein für sich erfülltes Leben erwartet, doch er hat nur die Erwartungen anderer erfüllt.

Man verändert sein Leben nur, wenn das Leben einen selbst verändert.

Je schwerer das Leben, um so leichter der Tod - nicht das Sterben.

Gewohnheit dient der Quantität unseres Lebens, das Ungewöhnliche dient der Qualität.

Flirt: Man stellt sich vor, was passiert, wenn man ihr nachstellt - !

Am Anfang einer Liebe entsteht eine Fülle von Gedanken für den geliebten Menschen, am Ende einer Liebe steht oft gedankenlose Lieblosigkeit.

In der Liebe ist es ein Unterschied, ob man den anderen um seiner selbst willen lieb hat, oder ob man um seiner selbst willen den anderen lieb hat - .

In der Liebe bleiben die schönsten Augenblicke Erinnerung, weil sie keine Zukunft hatten.

Weiberfastnacht: Erst knutschen und dann am Aschermittwoch knatschen.

Wenn es in der Liebe nicht funkt, blitzt man ab.

Menschliches Versagen in der Liebe: Man versagt sich als Mensch !

Liebe verhält sich zur Sexualität wie ein romantischer Roman zur rauhen Realität: Doch von einer Lektüre über das Fleisch ist noch keiner satt geworden.

Liebesbriefe sind oft Ansichten über die voraussichtliche Aussichtslosigkeit liebevoller Absichten.

Die Liebe ist auch eine Kostenfrage: Sie kostet Zeit, Geld und Nerven !

Sich nur in der Liebe vergnügen, heißt sich mit der Sexualität begnügen.

In einer Liebespartnerschaft sollte nicht einer versuchen den anderen auf sein Niveau herunterzubremsen.

Liebesehe: Erst ist man füreinander eingenommen, dann aber vereinnahmt jeder den anderen für sich.

In einer nicht zueinander passenden Liebesbeziehung endet die Selbstverwirklichung in Form einer permanenten Freiheitsberaubung durch Zeitverschwendung.

Wenn das Gefühl der Liebe auflebt, stellt sich das Gehirn scheintot.

Wenn aus Liebe Hass wird, dann bezieht sich dieser Hass nicht nur auf den einst geliebten Menschen, sondern auch auf den, der geliebt hat.

Das Geheimnis der Liebe besteht darin, dass es immer nur zwei Menschen kennen.

Karneval: Auch in der Liebe gibt es Schnäppchenjäger - .

Verständliche Fehler aufgrund fehlender Vernunft begeht man in der Liebe, vor allem in der Liebe zu sich selbst.

Ehrlich währt am längsten - in der Liebe.

Die unglückliche Liebe bleibt uns treu - in unseren Alpträumen !

In der sich anbahnenden Liebe sollte man alte Bahnen verlassen indem man einer Frau nicht das sagt, was andere ihr schon gesagt haben könnten.

Was uns treibt, das sind die Triebe, was uns bleibt, das ist die Liebe.

Liebe auf Distanz aber distanziere dich nicht von der Liebe.

Liebeserklärung: Ich liebe dich - mir zuliebe !

Die unglückliche Liebe hat gegenüber der glücklichen Liebe einen Vorteil: sie endet nicht.

Die wahre Liebe findet hauptsächlich zwischen beiden Ohren und Armen statt, der wahre Sex findet hauptsächlich zwischen beiden Beinen statt.

HIV vom Affen: Die Evolution frisst Ihre Kinder !

Je mehr sich die Liebe zum Erfolg einstellt, um so weniger stellt sich Erfolg in der Liebe ein: Die Liebe zum Erfolg bezahlt man damit, dass man für den Erfolg in der Liebe bezahlen muss.

Die Rahmenbedingung der Liebe: Man macht sich ein Bild vom anderen.

Das Feuer der Liebe entfacht sich am besten ohne einen Funken Verstand.

Es gibt die Liebe auf den ersten Blick: Iris-Diagnostik. Vorausgesetzt sie heißt Iris.

Die Liebe hat ihre zwei Seiten: Sie kann krank, aber auch gesund machen.

Wenn man etwas ganz Wichtiges verloren hat, entwikkelt sich eine Art von Suchzwang. Gilt auch für die verlorene Liebe.

In der Liebe hat man die meisten Chancen, wenn man mit dem Gefühl der Chancenlosigkeit herangeht.

Wahre Liebe währt am längsten, wenn aus feurigen Liebhabern glühende Verehrer werden.

Alte Liebe, die rastet, rostet nicht.

Wer um Liebe bettelt, ist auch bereit, dafür am Bettelstab zu gehen.

Wer angibt, hat mehr vom Lieben - bis es zur Sache geht.

Die besten Liebhaber sind die, die nicht in sich selbst verliebt sind, denn sie können alle Liebe geben, die sie noch haben.

In der Liebe müssen wir ein Gefühl entwickeln, wann wir den Verstand einsetzen müssen, und Verstand genug haben, um zu wissen, wann wir nur Gefühle sprechen lassen.

Auf dem Höhepunkt sollte man abtreten - außer bei der Liebe !

In der Liebe lernt man zuerst einander zu verkennen, später lernt man dann einander kennen, wobei man lernt, sich selbst zu erkennen.

Liebe heißt auch: Zeit verschenken, ohne dass es einem leid tut.

Platonische Liebe: Man liebt ohne zu besitzen. Sinnliche Liebe: Man besitzt ohne zu lieben.

Für den Kölner ist Sex Liebe in höchster Potenz.

Platonische Liebe ist die Potenz der Impotenz.

Liebe auf den ersten Blick gibt es auch bei der Auswahl von Textilien und Schmuck bei der Frau, aber meistens benötigt sie dafür weitaus mehr Zeit und kritischen Verstand als bei der Wahl ihres Partners.

Die Lüge dient dazu, sich selbst nicht zu enttäuschen, und andere über sich selbst zu täuschen.

Lügen müssen wir immer behalten und so trainieren sie unser Gedächtnis, während es für die Wahrheit immer noch andere Anhaltspunkte gibt.

Lügen haben kurze Beine aber weiche Knie !

Lügen fördern Intelligenz und Kreativität; hinter die Lügen kommen, das fördert beide Dinge noch mehr.

Lügen haben kurze Beine - aber mit einer großen Achillesferse !

Wir haben die Sprache, um uns durch Lügen täuschen zu können, und die Schrift, um diese Lügen als solche zu entlarven.

Lügen haben kurze Beine, so dass man manche Hürde unterlaufen kann !

Lügen haben kurze Beine, die an Knochenbrüchigkeit leiden.

Es gibt nichts unangenehmeres für einen Mann als eine schlecht sitzende Unterhose.

Bei jedem Enkel wird das Kind im Manne wiedergeboren: Seine geistige Verfassung spielt dabei die Rolle der Hebamme - sonst wird er zum Kindskopf !

Emanzipation: Hast du einen Mann im Haus, mach dann keinen Hausmann daraus !

Der kluge Mann baut vor, der verdummende Mann baut ab: Alzheimer.

Im Leben spielte er eine Nebenrolle - neben seiner Frau.

Ein weiser Mann handelt klug, aber nicht clever.

Das Kind im Manne ist kein Kind von Traurigkeit.

Wenn Mann die Nerven verliert, handelt er neurotisch.

Wunden heilen nicht, wenn man nicht mit ihnen zu Rande kommt.

Krebsfrüherkennung: Auch mit lächerlichen Anzeichen ist als Vorzeichen nicht zu spassen !

Bei einem Schlaganfall muss schlagartig geholfen werden !

Ab einem bestimmten Ausmaß bedeutet Gewichtsverlust auch Gesichtsverlust.

Wenn der Bauch dicker wird, muss man den Gürtel enger schnallen, damit der Bauch über die Hose rutschen kann.

Gesundheit: Gesunde Lebensführung gegen krankmachende Verführungen im Leben.

Wenn man durch Sport in Schweiß gebadet ist, so ist das der beste Gesundbrunnen.

Leberschaden: Manch einer ist so lange blau bis er gelb ist und sich selbst nicht mehr grün.

Impotenz: Verlorene Triebesmüh !

Krankheit ist oft der Anlass so zu leben, wie man immer schon leben wollte: Anstelle von tot im Jenseits die Tat im Diesseits.

Unsere Bewegungsarmut hat ihren Ursprung auch darin, dass wir die für die Bewegung wichtigste Muskelgruppe als Sitzfleisch bezeichnen.

Angina pectoris: Das Herz in der Zwangsjacke.

Im Schweiße deines Angesichtes sollst du deine Broteinheiten verlieren: Sport.

Wenn einem das Wasser bis zum Halse steht, beginnt man mit dem Strom zu schwimmen.

Vorgesetzten gegenüber fühlt man sich immer zurückgesetzt: Sie haben gut reden, weil sie das Sagen haben.

Wenn man sich schon ein Bild vom anderen macht, dann bitte den Wechselrahmen benutzen !

Wenn einem die eigenen Probleme über den Kopf wachsen, dann hat man für die Probleme anderer keine Ohren mehr.

Ein Denkmal kann andere in den Schatten stellen, da es sich aber nicht bewegt, kann man leichter aus ihm heraustreten.

Vielleicht ist es gut, dass wir die Menschen, die unser Schicksal bestimmen, oft gar nicht kennen oder kennenlernen.

Manche Menschen gründen ein eigenes Theater, um eine Rolle spielen zu können: Die Architektur stimmt, aber oft fehlt der Text oder das Bühnenbild stimmt nicht.

*Gemischtes Doppel -*
*fachliche Sprache und flachsende Sprüche*

*(1981)*

Was man theoretisch begriffen hat, hat man noch lange nicht praktisch im Griff.

Bei einem dicken Fell geht einem vieles weniger tief unter die Haut.

Einem Paradiesvogel machen die Menschen das Leben zur Hölle.

Das Selbstbestimmungsrecht des Menschen schließt das Fremdbestimmungsrecht von Mitmenschen weitgehend aus.

Wer auf andere eingeht, geht ein, denn was andere angeht, so geht einen das nichts an: Davon gehen die meisten Menschen aus.

Liegt es in der Natur des Menschen, sich mit der Natur um den Menschen anzulegen ?

Auf Menschen ohne Profil fahre ich nicht ab: Man kommt leicht ins Rutschen, wenn sie einen im Regen stehen lassen.

Von der Natur aus gesehen, ist der Mensch von Natur aus böse: Natürlich kommen auch einige gute Menschen zu dieser Einsicht.

Viele Menschen haben heute eine Arbeit, die den Geist anstrengt, aber nur wenige davon strengen ihren Geist dabei an, auch zu arbeiten.

Gottes Mühlen mahlen langsam, doch hier hat der Mensch durch Bürokratie seinen Schöpfer einfach übertroffen.

Menschen, die hochgestuft wurden, stufen danach andere Menschen niedriger ein.

Der Mensch ändert sich laufend - aber nur vorübergehend.

Bei nervösen Menschen braucht man gute Nerven.

Es gibt herausragende Menschen, die nicht hervorragend sind - menschlich gesehen.

Immer weniger Menschen haben heute Rückgrat; parallel dazu schießen die Rückenschulen aus dem Boden.

Ein Geizhals ist nicht waghalsig - er riskiert weder Kopf noch Kragen.

Ein Geizhals ist halsstarrig, wenn es ums Geldausgeben geht.

Ein Nachteil ist, dass der Mensch käuflich ist, aber nur so erkauft er sich Vorteile.

Viele Menschen leben von Träumen, in denen sie von einem anderen Leben träumen.

Wenn bei einem Menschen eine Schraube locker ist, so dass er dauernd verdreht ist, dann kann das auch an den Hirnwindungen liegen.

Erotik: Der Mensch muss nicht nur eine Ausstrahlung, sondern auch eine Ausdünstung haben - !

Die Wüste lebt - soviele Menschen stecken den Kopf in den Sand.

Manche Menschen, die einen Vogel haben, haben ihren Schnabel auch am Stein der Weisen gewetzt.

Menschen, die viel Kohle haben, lassen auch nichts anbrennen.

Der außergewöhnliche Mensch gilt nichts in seiner gewohnten Umgebung, so, wie der Prophet nichts im eigenen Lande gilt, denn für gewöhnlich sehen die Gewöhnlichen nur das Gewöhnliche, ihnen vertraute.

Ein Brief von einem geliebten Menschen ist das schönste Stück Heimat, welches wir jederzeit mit uns führen können.

Internet: Wir wissen bald alles voneinander, doch der gläserne Mensch ist auch sehr zerbrechlich !

Wenn der Mensch als Ganzes sich nicht die Freiheit nimmt, sich frei zu entfalten, dann tut es vielleicht eines Tages eine seiner Körperzellen - Krebs !

Die meisten Menschen machen andere herunter, damit sie sich herunter machen - auf das eigene Niveau.

Erbschaft: Manche Menschen werden reich, obwohl bei ihnen noch nie der Groschen gefallen ist.

Für Sie war es höchste Eisenbahn, von ihm fortzukommen, denn Er verstand immer nur Bahnhof und Sie kam nicht zum Zuge, weil Er mit Volldampf sich beruflich engagierte, um eine Zugnummer zu werden.

Als reservierter Mensch servierte er anderen nur das, womit er ihnen nicht dienen konnte.

Irren ist menschlich, vorausgesetzt, dass dieser Satz kein menschlicher Irrtum ist.

Ich bin ein mich allein-erziehender Mensch.

Wenn man durch und aus Fehlern klug würde, müsste die Menschheit nur aus äußerst klugen Menschen bestehen.

Menschen, die nicht zurechnungsfähig sind, rechnen wir nicht zu den fähigen Menschen.

Die meisten Menschen definieren sich über ihre Arbeit, während die Aphoristiker an ihren Definitionen arbeiten.

Viele Menschen haben die Stirn, immer den eigenen Vorteil im Hinterkopf zu haben.

Auch der unpolitische Mensch ist in bezug auf sein eigenes Leben politisch: Familienpolitik.

Einen Menschen kennenlernen - ein lebenslanger Lernprozess.

Was den Menschen vom Tier unterscheidet: Es gibt zwar Staaten, aber keine Steuer !

Angewohnheiten sind die Immobilien menschlichen Verhaltens.

Kultur ist die geistige Natur-Landschaft des Menschen.

Viele Menschen verpassen ihrem inneren Schweinehund einen Maulkorb, damit er keine Gewissensbisse verursacht.

Die wenigsten Menschen machen sich Gedanken - über ihre Gedankenlosigkeit.

Für manche Menschen wäre das Leben bestimmt erfolgreicher verlaufen, wenn sie sich nicht immer wieder verliebt hätten.

Menschen, die Ihr Licht unter den Scheffel stellen, sieht man in einem ganz besonderen Licht - .

Daran werden manche Menschen so irre: Dass manche Irre so menschlich sind.

Allen Menschen recht getan ist eine Kunst, die keiner überleben kann.

Man interessiert sich heute nur noch für Menschen, die im Bereich des eigenen Interesses liegen oder den eigenen Interessenbereich stören.

Es gibt Menschen, die können nur das, was sie können.

Wenn der Mensch schon vom Affen abstammt, so haben sich doch einige Männer zum Lackaffen zurückentwickelt.

Es gibt Menschen, die tun, was sie können, und andere, die mehr tun müssen, weil sie weniger können.

Bei einigen Menschen ist die Gedankenlosigkeit aus ihrem Leben nicht mehr wegzudenken.

Manche Menschen erleben Krankheit als Bestätigung ihres Unglücklichseins.

Ein Nervenbündel ist ein Mensch, der zwar den Kopf verloren hat, aber die Nerven noch behalten hat.

Viele Menschen wünschen sich Selbstverwirklichung ohne diesen Wunsch selbst verwirklichen zu können.

Es gibt entgegenkommende Menschen, denen man unbedingt ausweichen muss !

In der Natur hat alles eine Ursache, nur bei der menschlichen Natur suchen wir oft vergeblich nach Gründen.

Ein Geizhals ist nicht jedermanns Kragenweite, denn wie wenig von einem klugen Kopf sitzt auf ihm.

Ein Pechvogel ist ein Mensch, der, anstatt zu schleimen, anderen Menschen auf den Leim geht.

Der menschliche Orgasmus ist von Stoß-Seufzern begleitet, aber daran nehmen nur die Nachbarn Anstoß.

Die Menschen, die mir Lebenszeit stehlen, können mir gestohlen bleiben.

Prominenz: Bei großen Menschen findet man immer seltener auch menschliche Größe.

Der Baum der Erkenntnis ist bei den meisten Menschen vom Stamme Bonsai-Kreativität: Anfallsweise Einfälle, - von anderen geklaut.

Der informierte Mensch geht davon aus, dass ihn alles etwas angeht und dass ihm nichts entgeht.

Wenn sie sterben, segnen viele Menschen das Zeitliche, viele aber verfluchen es auch - !

Die meisten Menschen sterben, ohne je richtig gelebt zu haben.

Der Mensch ist, wie er isst - auch bei der Arbeit und beim Vergnügen !

Rache ist grausam: Die Rache eines enttäuschten Menschen muss Erfolg haben, um ihn vor einer weiteren Enttäuschung zu bewahren.

Dass die Menschen Böses tun hat sie genauso oft gereut wie wenn sie geliebt haben - also recht selten.

Viele verdiente Menschen dienten der Menschheit, oft aber nur während der Dienstzeit, in der sie dabei gut verdienten.

Nicht die Fähigkeiten eines Menschen zählen heute, sondern die Möglichkeiten, seine Fähigkeiten entwickeln zu können.

Wenn die Kinder aus dem Haus heraus sind, kommen die Kindeskinder wieder ins Haus herein.

Nichts reizt mehr zum Reden als die Schweigsamkeit eines äußerst gelassenen Menschen.

Es liegt mir nichts an Menschen, die mir nicht liegen.

Wenn ich einmal aus mir herausgegangen bin, komme ich auch wieder zu mir.

Rein akustisch verstehen sich die meisten Menschen noch.

***Laufend mit Freunden unterwegs:***
***oben mit 100 km-Rekordler Helmut Urbach,***
***unten mit Dr. med. Alfred Wirtler***

***(1985)***

Wenn man einen Menschen vor den Kopf stößt, führt das selten zu Denkanstößen !

Gespräche über das Wetter verbinden: Je unfreundlicher das Wetter, um so freundlicher reden die Menschen miteinander.

Lebensgefährten können Menschen sein, die einen im Leben auf die falsche Fährte bringen.

Die meisten Menschen verlieren ihr Gesicht, wenn sie ihre Maske fallen lassen.

Menschen mit einem dicken Fell können schlecht aus der Haut fahren.

Die meisten Menschen beschäftigen sich so in ihrem Leben, dass sie sich nicht mit ihrem Leben beschäftigen müssen.

Einsame Menschen sind manchmal schlagfertig, denn in den vielen Selbstgesprächen haben sie jede erdenkbare Situation in ihrer Phantasie schon einmal durchgesprochen.

Den meisten Menschen dient der Vogel, den sie haben, dazu, sich wie ein Phönix aus der Asche ihres grauen Alltagslebens zu erheben.

Sie fuhr auf ihn ab, aber er verstand nur Bahnhof.

Die meisten Menschen sprechen gerne aus Erfahrung, obwohl sie das erfahrungsgemäß nur ungern zugeben.

Der gesunde Mensch ist nicht nur für die Medien uninteressant: Das gesunde Mittelmaß erregt nur mittelmäßiges Interesse.

Was ihn im Leben so getroffen hatte, war die Tatsache, dass er immer wieder auf Menschen traf, die ihn übertreffen wollten.

Die meisten Menschen bekennen Farbe, indem sie die Wahrheit schönfärben.

Die Menschen in seiner Nähe standen ihm nicht nahe, oft lagen sie ihm im entferntesten nicht.

Die meisten Menschen versagen sich nicht dem Leben, das Leben versagt sich ihnen.

Wenn der Mensch biologisch abbaut, so ist das seinen Mitmenschen gegenüber nicht immer umweltfreundlich !

Starallüren: Wenn sie nicht mehr im Mittelpunkt stehen, verlassen viele Menschen ihren Kreis.

Der Mensch denkt, Gott lenkt, aber Gott denkt, der Mensch lenkt - von ihm ab.

Seitdem er menschlich ein Schwein war, fühlte er sich gesundheitlich sauwohl - .

Feinde sind immer noch die anhänglichsten Menschen, denn sie bleiben einem treu bis ans Grab.

Jeder erfolgreiche Mensch ignoriert die Menschen, denen er diesen Erfolg verdankt und diejenigen, die daran zerbrochen sind.

Die meisten Menschen verdienen, um etwas zu erwerben, nur wenige erwerben sich dabei Verdienste.

Wenn mir andere auf den Keks gehen, verkrümele ich mich.

Der gutmütige Mensch wird ausgenutzt, der böswillige nutzt aus.

Ausgerechnet Menschen mit sehr engem Horizont sehen ihre Grenzen nicht.

Ein Masochist umgibt sich mit Menschen, die er nicht leiden kann, damit er leiden kann.

Manch einer ist so traurig, dass ihn sogar die Schadenfreude anderer Menschen trösten kann.

Manche Menschen lassen sich in ihrem Irrtum nicht beirren.

Ein zu kurz gekommener Mensch wusste wohl nicht wo es im Leben lang geht?

Es ist schlimm, wenn man den falschen Beruf oder Partner hat; noch viel schlimmer ist es, wenn man dabei überzeugt ist, es sei der einzig richtige.

Dem Selbstbestimmungsrecht des Menschen steht das Unrecht der Fremdbestimmung gegenüber.

Je mehr man das Berufsleben bereichert, um so mehr verarmt das Privatleben !

Die Beschränktheit der Menschen ist unbeschränkt, sie hält sich weder in noch an Grenzen, sondern ist grenzenlos global.

Menschen, die immer ratschlagfertig sind, nerven einen.

Es gibt Menschen, die sind imstande etwas zu tun, aber nicht in der Lage dazu.

Der gewöhnliche Mensch hat sich an sein Leben gewöhnt.

Der zufriedene Mensch ist im allgemeinen gut, der gute Mensch jedoch ist selten zufrieden, weil er keine Rolle spielt.

Die Großen kann man nicht klein kriegen, nur die Kleinen noch kleiner: Politikverdrossenheit.

Der Wähler kann mich mal kreuzweise, sagt der Politiker, nachdem der Wähler sein Kreuzchen gemacht hat.

Es genügt nicht, unfähig zu sein, manche wollen es auch beweisen: Politiker und Funktionäre.

Wenn Politiker sich etwas durch den Kopf gehen lassen, dann befinden sie sich meist auf dem Holzweg.

Politik ist ein schmutziges Geschäft von lauter lauteren Saubermännern.

Wenn man in seinem Beruf nicht sattelfest ist, sollte man locker umsatteln, ohne dabei Politiker werden zu müssen.

Politiker behaupten immer, das mit den Finanzlöchern sei alles Käse.

Volksvertreter verkaufen dem Volk Politik wie einen Staubsauger, d.h. es muss schließlich den Staub schlucken, den sie aufwirbeln.

Das Energiesparen sollte bei den Politikern beginnen, bei all der heißen Luft, die sie produzieren.

In der Politik gräbt einer dem anderen das Wasser ab und dann wundert man sich über einen Erdrutsch bei Wahlen.

Manche Politiker sind Spar-Schweine, die sich selbst mit Diäten mästen !

Politiker: Wenn ihre Batterie leer ist, stehen sie unter Strom - Erschöpfung durch Stress !

Mustergültig handeln wir, wenn wir klassischen Verhaltensmustern entsprechen.

Man sollte in sich gehen bevor man aus sich herausgeht.

Wer sich gesund fühlt, denkt nicht an Krankheit; wer an Krankheit denkt, fühlt sich nicht gesund.

Wenn man etwas falsch auslegt, kann man einen richtig reinlegen.

Hauptsache man behauptet sich, indem man das Haupt über Wasser hält - abseits des mainstream !

Wenn ich an meine Ängste denke, bekomme ich es mit der Angst zu tun.

Die beste Pflegeversicherung sind Kinder und Enkelkinder: Diejenigen, durch die man überlebt, erleichtern das Sterben.

Lachen ist gesund - und das ist nicht zum Totlachen !

Ein wesentliches Merkmal unseres Verstandes ist das Verstehenwollen, während ein wichtiges Merkmal unserer Gefühle ist, dass wir verstanden werden wollen.

Aquajogging in Selbstmitleid : Das Treten in den eigenen Tränen kann auch gesund sein.

Fremdbestimmung durch andere entfremdet uns von uns selbst.

Man erweist sich selbst keinen Dienst, wenn man denen dient, die sich einem angedient haben.

Der Ängstliche, der über den Tellerrand blickt, sieht nur den Löffel, den er abgeben muss.

Man muss lernen Ja-sagen-können zum Neinsagen.

Das gesellschaftliche Dabei-Sein-Müssen prägt unbewusst unser Bewusstsein.

Wahrsagerinnen sind psychologische Wünschelrutengänger auf der Wunsch-Route ihrer Klienten.

Politik: Man befleissigt sich fauler Kompromisse.

Der Psychoanalytiker sieht den Menschen wie durch eine Klobrille: Er sieht das Arschloch, welches in jedem von uns steckt.

Egoismus ist Selbstverwirklichung auf Kosten der Selbstverwirklichung anderer.

Dem Arzt bleibt heute nur die kurzfristige Behandlung, dem Psychologen verbleibt die langfristige Betreuung.

Sich preisgeben hat seinen Preis: Wie gut, dass ich noch Rumpelstilzchen heiß !

Das Recht geht vor, aber die Uhren der Justiz gehen oft nach.

Dass man im Recht ist, sollte man anderen nicht immer beweisen müssen: Beweislasten sind lästig.

Wer sich rechtfertigt, fertigt sich auch sein Recht.

Gnade vor Recht ist oft Unrecht: Wer bösen Menschen Gutes tut, tut guten Menschen etwas Böses ?

Das Recht des Stärkeren schafft Unrecht gegenüber dem Schwächeren.

Die Zahl Pi des Langstreckenläufers lautet: 42,195 (Marathon-KM)

Der Sport ist keine heile Welt, aber eine Welt, die heilen kann.

Ausdauertraining: Planmäßige Sturheit oder Sturheit nach Plan.

Sport: Wenn Leistung Spaß macht, sollten wir uns auch diesen Spaß leisten - !

Der Kölner meint: Der krumme Weg ist weitaus sportlicher und demnach gesünder, im Vergleich zum direkten, geraden Weg - er stellt eben höhere Anforderungen !

Sportmedizin: Es darf nicht sein, dass das, was die Gesundheit verbessern soll, die Gesundheit verschlechtert.

Jedes Training ist unentgeltlich harte Arbeit aus Liebe zu sich selbst: Fitness.

Sport ist Mord an vielen Krankheitsursachen.

Das gesundheitliche Sein bestimmt unser seelisches Bewusstsein.

Sport ist Rostschutz für die eiserne Gesundheit.

Fragwürdige Dinge kann man nicht verantworten.

Nur Holzköpfe schwimmen mit dem Strom.

Es gibt drei Arten von sturen Gewohnheiten: Solche, die einen gesund machen, solche, die einen krank machen und solche, die andere krank oder gesund machen.

Was vergeht, ist das Vergängliche, was besteht, ist das vorübergehend noch nicht Vergängliche.

Körperlicher Hunger fördert den geistigen Hunger: Der Mangel fördert die Motivation ihn zu beheben.

Manch einer, der schnarcht, sägt auch am Ast seiner Gesundheit.

Wer sich nach oben durchboxen will, muss heute auch Fingerspitzengefühl haben.

Wer lammfromm ist, kommt selten ungeschoren davon.

Wer Vorzüge hat, wird bevorzugt, wer Nachteile hat, wird benachteiligt.

Wer einen langen Atem benötigt, sollte vorher lernen, tief Luft zu holen.

Wer es allen recht macht, hat sich aller Rechte beraubt.

Man wundert sich, wer heute alle bewundert wird ohne bewundernswert zu sein.

Die meisten Besserwisser beziehen ihr Wissen aus Vorurteilen.

Wer Macht braucht, der missbraucht sie auch - .

Der Klügere gibt nach, denn wer zuletzt lacht, lacht am besten.

Man setzt seinen Kopf durch, indem man anderen die Stirn bietet.

Beim Übergewichtigen geht es um die Wurst, die zu fett ist, um die Ernährung, die Käse ist und um die Schokoladenseite, die ihm das Fett versüßt.

Sie war so nervtötend, dass er völlig unempfindlich wurde, oft auch noch wie gelähmt war.

Wer Hahn im Korb ist, muss nicht notwendigerweise mit den Hühnern zu (ins) Bett gehen.

An ihren Früchten sollt ihr sie erkennen, die Ernährungsbewussten !

Wenn Prominente öffentlich auftreten, wollen sie alle erreichen, aber für keinen erreichbar sein.

Der Wolf im Schafsfell ist gefährlich, noch gefährlicher ist der Leitwolf im Schafsfell.

Wer weg vom Fenster ist, hat schlechte Aussichten.

Er hatte alles erreicht, was er nicht erreichen wollte, jetzt reicht es ihm: Frust.

Es sind immer die Außenseiter, die im Mittelpunkt stehen.

Nicht jeder Hausherr ist Herr im eigenen Haus - !

Die meisten Karrieremacher taktieren wie Radsportler: Den Gegner in die führende Position zwingen, um ihn dann vorführen und schlagen zu können.

Wer sich früh mit dem Erreichten zufrieden gibt, ist später unzufrieden über das Nichterreichte, was er hätte erreichen können.

Wer nicht richtig gelebt hat, kann auch nicht richtig sterben.

Wenn man als Chef nicht gut drauf ist, sind die Mitarbeiter schlecht dran.

Der Klügere gibt nach, denn der Klügere hat vorgebaut.

Der Mensch - ein Häufchen Elend; die Welt - ein Haufen Elend.

Oh Gott: Das Unrecht, über das geschwiegen wird, schreit zum Himmel !

*Nach Verleihung der Richard-Kockel-Medaille der Gesellschaft für Gerichtliche Medizin, zusammen mit Freund und Ko-Autor Prof. Dr. med. Drs. mult. h.c. Otto Prokop*

*(1986)*

Viel Arbeit ist leicht, wenn man sie gern tut; wenig Arbeit kann schwer sein, wenn man sie ungern tut.

Viele, die einen festen Standpunkt vertreten, treten ihn fest, weil sie auf der Stelle treten.

Heute bedankt man sich nur noch für Geschenke, die man sich auch gewünscht hat, die restlichen werden weiterverschenkt.

Gut ist alles, was mir zugute kommt - nichts für ungut !

Wer sich fügt, um sich anzupassen, betrügt sich um Dinge, die zu ihm passen.

Es gibt nicht nur eine Schicksalsfügung, sondern auch den Unfug des Schicksals, das, in was wir uns nicht fügen wollen, weil es zu uns nicht passt.

Man tut nur etwas im Interesse anderer, wenn es auch im eigenen Interesse ist.

Es geht so, sagt man, wenn es schlecht läuft.

Aus den Fehlern anderer sollte man lernen, die gleichen Fehler bei sich zu verlernen.

Wer sich beugt, verbiegt sich - oder testet sein Rückgrat.

Wenn Urlaubstage gestrichen werden, gehen die Leute hier auf die Palme.

Man hatte ihn solange zum Narren gehalten, bis er sich für einen solchen hielt.

Er hatte nie viel zu sagen, das ist sehr vielsagend für ihn.

Es gibt auch Strohmänner ohne Stroh im Kopf, die von Leuten mit Stroh im Kopf aufgestellt werden.

Wenn man Leuten, die sehr ehrgeizig sind, sagt: „Steig mir den Buckel ‚rauf !", dann machen sie über meinen Kopf hinweg Karriere.

Man könnte aus der Haut fahren, aber dennoch könnte ein anderer sich nicht in sie hineinversetzen.

Man kann sich auch den Mund verbrennen, wenn man zuviel heiße Luft produziert.

Frisch gewagt ist halb gewonnen, frisch gesagt ist selten gut bekommen.

Wer keine Mäuse hat, kommt an den Katzentisch.

Sich dumm anstellen, ist eine kluge Einstellung: Je mehr erklärt wird, um so klarer wird die Sache.

Von der Wiege bis zur Bahre: Bewegung ist das Wahre !

Die Muße ist ein Muss: Die Muse nutzt sie für einen Kuss !

Wenn man immer unter die Fittiche genommen wird, wird man nicht flügge !

Der Halbgebildete verfettet geistig - er liest nur noch das Fettgedruckte.

Stress: Wenn der finanzielle Grundumsatz sinkt, steigt der physiologische Grundumsatz.

Der Gestresste sucht ewig nach Ruhe - bis er die ewige Ruhe gefunden hat.

Was stresst: Zwischenmenschlich Unmenschliches von Mitmenschen - .

Stress: Aus Gründen ewiger Jagd schneller zu den ewigen Jagdgründen.

Stress ist die Konfrontation mit der Situation, sich in passender Weise an das Unpassende anpassen zu müssen oder wegen Unpässlichkeit zu passen.

Wenn Gedanken an Stress durch den Kopf schießen, töten sie einem den Nerv.

Stress: Man kommt gar nicht mehr dazu, dass man zu etwas kommt.

Man kann nicht für jeden alles tun, um dann für alle nichts tun zu können.

Tod: Die meisten Menschen verschwinden spurenlos.

Sie waren lange verheiratet, ohne dass der Tod der Gefühle sie geschieden hätte.

Bis der Tod euch scheidet: Seitdem wartet jeder auf den Tod des anderen.

Der Tod eines Menschen findet in unseren Köpfen statt. Was weiterlebt sind die Gen-Rationen über Generationen.

Denke an das Ende: Das Sein zum Tode bedingt das Freisein zum Leben.

Autoverkehr: Die Todesnähe ist lebensnah und schnell beweglich.

Das intensive Erlebnis vom Tod anderer lässt uns das eigene Leben noch intensiver erleben.

Der Tod ist das Ziel, welches uns alle einmal erreicht, leider allzu oft, bevor wir unser Ziel im Leben erreicht haben.

Sinnlose Tode stellen immer wieder das Sinnvolle unseres Lebens in Frage.

Der Gedanke an den Tod macht uns frei - bis zum Freitod.

Wir bleiben ewig Schaffende, um ewig Bleibendes zu schaffen.

Zwei Feinde bleiben sich treu - bis in den Tod des einen von beiden: Todfeinde.

Der Gedanke an den Tod lässt uns nicht mehr gedankenlos leben.

Der Gedanke an den Tod macht uns fertig, wenn wir mit dem eigenen Leben noch nicht fertig geworden sind.

Nach dem Tod kommt das Leben der Nachkommen.

Aus der Tugend sollte man keine Not machen, sondern auch mal unmoralisch handeln.

Höflichkeit ist eine gesellschaftliche Notlüge, die im Englischen „small talk" heißt.

Die idealen Einfälle sind ausgefallene Ideen.

Schweigen ist Gold - der Kluge schmückt sich damit.

Erfahrung ist das, was man nicht hat verhindern können.

Gegenüber der eigenen Gesundheit sind die meisten Menschen Gewohnheitsverbrecher.

Es sind die Querdenker, die Vernetzungen schaffen.

Sich durchboxen heißt: Anderen die Gedanken an die eigene Karriere aus dem Kopf schlagen.

Das meiste Pulver wird heute von denen verkauft, die es nicht erfunden haben, den Apothekern. Das war auch mal anders.

Der Verärgerte nimmt den Mund zu voll - von Dingen, die ihm zum Hals heraushängen.

Der Safe des Knauserigen wäre aufschlussreich, wenn letzterer nicht so verschlossen und ersterer nicht so verschlusssicher wäre.

Wer sein Licht unter den Scheffel stellt, möchte andere weder blenden noch erleuchten.

Dem Reichen reicht es nie: Genug ist nie genug !

Wer als Bock versagt, bekommt Hörner aufgesetzt.

Der Klügere gibt nach, aber nicht auf, sich dabei dumm zu stellen.

Der Spinner macht Urlaub in seinen Luftschlössern und verreist in Gedanken, um anderen Gedanken zu begegnen.

Den Erfolgreichen kränkt eine Krankheit, den Erfolglosen bestätigt sie.

Wer seiner Zeit voraus ist, wird eines Tages überholt sein, falls er nicht Zeitloses geschaffen hat.

Der Arbeitgeber trifft Entscheidungen, der Arbeitnehmer wird von Entscheidungen getroffen.

Wer auf dem letzten Loch pfeift, tut das nicht mehr nach den Flötentönen, die andere ihm beigebracht haben - !

Für den Schriftsteller ist Papier ungeduldig.

Als Beamter war er richtlinientreu.

Ein Futurologe ist ein nachdenklicher Vordenker.

Den Egoisten erkennt man daran, dass er von anderen selbstloses Handeln erwartet.

Unglück ist ganz selten vorhersehbar, Glück dagegen kann man oft vorhersehen.

Ein Unglück ist oft komisch, weil wir das Komische wie auch das Unglück als etwas unerwartet Absurdes empfinden, was nicht mit unserer begreifbaren Realität übereinstimmt.

Nicht nur das Unglück kann uns treu bleiben, sondern wir bleiben oft auch den Menschen treu, die uns unglücklich machen - .

Das, was wir wahrnehmen, nehmen wir für die Wahrheit.

Wer einmal lügt, dem glaubt man nicht, denn die Ausnahme bestätigt die Regel, dass man selten die Wahrheit spricht.

Wir glauben der Wahrheit ins Auge zu sehen - ins Glasauge.

Jede Wahrheit setzt sich aus Teilwahrheiten zusammen, die man aber nicht alle für die ganze Wahrheit halten sollte: Einige dienen nur der Wahrheit, auch wenn sie nicht so ganz stimmen.

Eine Lehrmeinung ist etwas mehr als die halbe Wahrheit.

Die wahre Liebe schließt die Liebe zur Wahrheit mit ein.

Die Wahrheit über uns ist nicht immer gesund für uns, aber sie kann uns gesund machen.

Lieber mit einer Lüge länger leben, als an der Wahrheit vorzeitig sterben.

Die ganze Wahrheit, die wir kennen sollten, besteht darin, dass wir die ganze Wahrheit nie kennen werden.

Beim Phrasendreschen kommt immer ein Körnchen Wahrheit heraus - über den, der drischt.

Eine unliebsame Wahrheit wird am liebsten verschwiegen - auch vor sich selbst.

Wer die Wahrheit enthüllt, muss sich oft danach selbst verhüllen - !

Manche glauben ein Körnchen Wahrheit zu entdecken, wenn sie den Kopf in den Sand stecken.

Die Wahrheit ist das, was höchst selten ganz herauskommt.

Die Wahrheit liegt in einer Grauzone - sagen unsere grauen Zellen.

Auch die nackte Wahrheit hat ihre Schamregion.

Gemischte Gefühle lassen sich schlecht sortieren.

Der Geist will Unsterblichkeit - durch die Biologie? Ein Beitrag zur Sexualität der Genialen?

Eine feste Einstellung erfolgt heute nur noch aufgrund der festen Überzeugung, dass sich Erfolg einstellt.

Wir sind heute zu sehr über alles informiert, um daraus noch klug werden zu können.

Eigentlich kann man nur Haftschalen aus den Augen verlieren.

Wenn man mit seinen Nerven am Ende ist, sollte man nicht damit anfangen die Nerven anderer zu strapazieren.

Schadenfreude macht einen besonders froh, wenn der Schaden diejenigen getroffen hat, die uns einmal geschadet haben.

Aus Eigennutz nutzen wir andere aus, indem wir sie dazu benutzen uns nützlich zu sein.

Wenn einem der Kopf gewaschen wird, so ist das die unwirksamste Form einer Gehirnwäsche.

Man dient einer Sache, wenn man ihr mit Sachverstand dient, denn sonst  erweist man der Sache keinen Dienst. Man dient einer guten Sache, wenn die gute Sache auch einem selbst dient.

Manche kleiden sich besonders vornehm, damit man ihnen nicht am Zeug flicken kann - .

*Erklärungsnotstand: oben auf einer Tagung,*
*unten mit Prof. Dr. Hans Schadewaldt*

*(1994)*

Er denkt, dass er besser ist als er denkt, denn das ist immer noch besser, als dass er besser denkt als er ist.

Ich mache mir nichts aus mir - und so habe ich auch nichts aus mir gemacht - was mir wiederum nichts ausmacht.

Jetzt, wo Solarenergie wettbewerbsfähig wird, fehlt uns die Sonne: Der Fortschritt wird vom Rückschritt eingeholt.

Bescheidener Wohlstand ist heute immer unbescheidener geworden: Anspruchsdenken läßt sich durch Werbung lenken !

Durch die Vorführung meiner Ideen ermöglichte ich anderen deren Durchführung; auf diese Weise wurde ich regelrecht vorgeführt und verlor die Führung.

Schicksalsschläge können wie ein Schlaganfall lähmend wirken.

Mit mir konnte keiner was anfangen - und so habe ich es selbst einmal versucht.

Die Kosmetik bewirkt, dass eine der anderen sehr ähnlich sein kann: Damit bringt man aber den Geschmack der Männer auf einen Nenner.

Die eigene Überbewertung wird von unseren Mitmenschen unterbewertet.

Identifikation mit den Großen schafft nicht immer etwas Großes, aber meist schafft sie ein erhebendes Gefühl.

„Hilfe" für den anderen ist das, was wir ohne Unterlass unterlassen.

Verdient nur das, woran man verdienen kann, unsere Aufmerksamkeit ?

Was den Trainer beflügelt: Andere unter die Fittiche nehmen zu können.

Wer keinem etwas zuleide tun kann, tut sich selbst das größte Leid an.

Gegensätze ziehen sich an, was bedeutet, dass gleich und gleich sich abstoßen und nicht gern zueinander gesellen.

Der Unbescheidene stellt sein Licht unter den Scheffel, aber den Scheffel stellte er ins Rampenlicht.

Er lebte aufs Geratewohl und war richtig ungeraten, weil er immer an die falschen geraten war.

Wenn man stirbt, lebt man in der Erinnerung leider als der weiter, der man zuletzt gewesen ist, und selten als der, der man früher einmal gewesen war.

Man soll nie durchblicken lassen, dass man den anderen durchschaut und den Durchblick hat.

Der Ausdruck Stimmungsbarometer zeigt, wie sehr wir in unserer Stimmung vom Wetter abhängig sind.

Das Ei des Kolumbus ist der biologische Aspekt den gordischen Knoten zu deuten.

Zur Creme der Gesellschaft gehören die, die immer gut abgesahnt haben.

Verlorene Diebesmüh: Wenn einer dem anderen die Schau stehlen will, schaut einer in die Röhre.

Denken ist gesund, vor allem wenn man nicht nur an die Gesundheit denkt.

Wer mit Rücksicht auf andere nicht gelebt hat, verdient keine Nachsicht.

Die Quadratur des Greises: Bewegungsmangel, Übergewicht, Depression und Leistungsabfall.

Zuviel des Guten ist ungesund: Man sollte sich auch mal Boshaftigkeit gönnen, denn der Teufel steckt als Detail auch in uns.

Vom Sinn des Zufalls: Zufällig einen Sinn finden.

Wes Brot ich ess', des Lied ich sing und heule mit den Wölfen.

Kreativität beginnt damit, dass man die zu seinen Talenten passenden Möglichkeiten sucht.

Weiblicher Ehrgeiz sollte nicht eine Steigerung von „der Ehrgeiz" sein.

Der Gedanke an den Himmel und das Gute sorgt dafür, dass so manche böse Absicht geerdet wird.

Für jeden etwas ist etwas zu wenig für einen und etwas zu viel für alle: das Gießkannenprinzip !

Genussverhalten heute: Verhaltener Genuss !

Leistung ist in der Öffentlichkeit breitgetretener Erfolg.

Wer um Anerkennung ringt, bleibt selten auf der Matte.

Ruhm heißt, etwas länger im Gedächtnis Fremder zu überleben.

Komplimente sind Weichmacher, also bewusst eingesetzte Unwahrheiten, die durch mehrfache Wiederholung abhärten und hart machen.

Bei Komplimenten heiligt manchmal der Zweck scheinheilige Mittel.

Wenn der Bauch über die Hose rutscht, muss man den Gürtel enger schnallen.

Freiheit ist die schönste Form der Einsamkeit, bloß hält man es selten lange so aus.

Gefühle kann man vortäuschen, nicht aber geistige Fähigkeiten.

Verständnis hat nichts mit Verstand, sondern mit einem einfühlsamen Verstehen zu tun.

Es reicht selten, wenn man alles erreicht hat: Genug ist nie genug !Ausreichend reicht nicht aus !

Ich denke nicht nur in Schubladen, ich schreibe auch für die Schublade.

Am gesunden Egoismus kann der Kranke gesunden.

Was für sich spricht, ist selbstredend - .

Die meisten Schriftsteller leben von Vorauszahlungen, d.h. Gutschriften auf gute Schriften.

Tragisch sind nicht die guten Gelegenheiten, die wir verpasst haben, sondern tragisch sind die guten Gelegenheiten, bei denen wir gepasst haben.

Wenn man sich immer zuviel des Guten zumutet, ist einem bald immer weniger nach Gutem zumute - .

Ideale nennt man die Geister, die in Luftschlössern spuken.

Ein Junggeselle ist jemand, der eine enge Bindung zu Beziehungen hat, aber keine Beziehung zu einer engen Bindung.

Falsches Taktgefühl: Man kann nicht ein Hähnchen mit dem anderen rupfen, ohne dass dieses auch Federn lässt.

Sie hielten zusammen auf (zurecht)Biegen und (ehe)Brechen.

Wenn man nicht mehr gefragt ist, muss man sich selbst die Antwort geben.

Schilddrüsenerkrankungen sollte man nicht Hals über Kropf diagnostizieren.

Wenn man die Sau herauslässt, hat die Konkurrenz Schwein gehabt.

Unsere Gewohnheiten verhindern für gewöhnlich das Ungewöhnliche.

Wer heute dankbar ist, liefert mit einem Blumenstrauß bereits Vorschusslorbeeren für die nächste Gegenleistung.

Ehrgeiz ohne Talent ist tragischer als Talent ohne Ehrgeiz.

Man soll keine schlafenden Hunde wecken, denn Hunde, die dann bellen, beißen auch !

Es sind die Saudummen, die oft Schwein im Leben haben.

Schwarzgeld verdirbt den Charakter.

Unser Ideal von Schönheit ist ein schönes Ideal und nur in der Kunst real und unsterblich.

Kinder aus einem armen Elternhaus haben oft eine gute Kinderstube, damit ihnen die Tür zu einem reichen Schwiegerelternhaus offen steht.

Wir tun, was andere von uns erwarten, aber wir dürfen nicht erwarten, dass andere was für uns tun.

Mobbing: Wer sich breit machen will, soll sich verdünnisieren - !

Die normale Anpassung besteht in der Anpassung an das Normale.

Man klebt ausgerechnet an den Leuten, denen man auf den Leim gegangen ist.

Bei Eigentoren sollte man sich selbst aus der Schusslinie nehmen.

Manche Eltern antworten nur auf Dinge, die nicht in Frage kommen.

Das Selbstwertgefühl sorgt dafür, dass man sich nicht unter Wert verkauft.

Flirt: Wenn der Einsatz reizt - Reize einsetzen !

Zuerst bleibt man gesund , um richtig leben zu können, dann bleibt man am Leben, um richtig gesund sein zu können: Wohlbefinden.

Man sollte sich so wichtig nehmen, dass man sich mit Unwichtigem nicht abgibt.

Gewissen: Ich stelle mich selbst in Frage, aber nicht in Abrede.

Intoleranz ist, wenn man das nicht gelten lässt, was anderen Geltung verschafft.

Idealismus ist, was der Idee von einem selbst dient.

Diplomatie ist, etwas unverblümt durch die Blume sagen zu können, ohne dass der andere den Kopf hängen lässt oder geknickt ist.

Der Geschäftsmann wirft nur eine Frage auf: Was wirft das Geschäft ab und wen werfe ich heraus, wenn es zuwenig ist ?

Nur die Dinge lohnen sich, die auch entlohnt werden.

Wer Ideen verwirklichen will, darf die Wirklichkeit nicht idealisieren.

Mobbing: Wer andere kleinmacht, verliert selbst auch an Größe.

Manche gehen ihren Weg, indem sie vor sich selbst weglaufen.

Mit zunehmenden Alter werden manche Menschen, vor allem Verheiratete, immer mehr selbstverliebt, weil sie glauben, man dürfte sich nicht mehr in andere Menschen verlieben.

Demütigen heißt, den anderen entmutigen zu wollen.

Dauerhafte Erfolge erzielt man nur, wenn man mit Ausdauer ein Ziel verfolgt.

Sex ist die Vereinigung von Körpern bei Vereinsamung der Seelen.

Karneval: Friede, Freude, Freier suchen und gemeinsam Urlaub buchen?

Sex ist die Befriedigung der Ungeduld, Liebe ist oft die Geduld des Unbefriedigten.

Sex verhält sich zu Erotik wie Hormonie zu Harmonie.

Karneval ist auch das Bad in der Menge, in der manch ein Nichtkölner sich freigeschwommen hat - .

Mode: Es gibt Badeanzüge , die anzüglich sind - für andere Badende.

Mobbing: Andere wollen einen schaffen, das macht einem viel zu schaffen, so dass man weniger schafft.

Man täuscht sich, wenn man etwas erwartet, was einen nicht enttäuscht.

Übergewicht: Was bewegt die Dicken ? Beim Bewegungstraining machen sich die Dicken dünn, weil sich die Dünnen dabei dicke tun.

Regeln für Reisende: Suche nach Einfällen, sei anfällig für das Zufällige und äußere dich nie abfällig über das dir Fremde.

Die Quadratur des ewigen Kreislaufs: Geld, Besitz, Macht und Sex.

Es gibt Leute, die fallen einem auf den Wecker und behaupten dann, dass man nicht richtig tickt.

Der Verstand kann einem stillstehen, Gefühle können das nie.

Das Schicksal ist unglaublich, immer ungewollt, unerwartet und unerwünscht - wie eine bösartige Erkrankung, die ihm gelegentlich folgt.

Sex fördert vermehrt biologische Formen, die die Form der biologischen Vermehrung fördern.

Alpträume: Das Unbegreifliche und Unfassbare nimmt Gestalt an.

Man soll tun, was man sich erträumt hat, und nicht träumen, was man hätte tun können.

Wenn man nur noch eine zeitlich begrenzte Zukunft hat, lebt man intensiver in der Gegenwart, das „Später" wird verfrüht zum „Jetzt".

Wenn man vom hohen Ross absteigen muss, verhalten sich die wenigsten ritterlich.

Heimweh ist die chronische Form eines Trennungsschmerzes.

Nicht jeder Gedanke, der einem durch den Kopf schießt, trifft auch auf eine Idee zur Verwirklichung.

Wer seine Bilanz frisiert, schneidet selten gut ab.

Die Fortschritte der Humanmedizin sind grandios, ganz im Gegensatz zu den Fortschritten der humanen Medizin.

Von unseren verborgenen Talenten hoffen wir, dass sie sich in der nächsten oder übernächsten Generation zeigen werden.

Heimat ist das, was einem vertraut geblieben und an Vertrautem geblieben ist.

Manche Mitarbeiter sind so oft krank, in Kur oder in Urlaub, dass man fast schon von einem Vorruhestand sprechen kann.

Keine Diktatur der Welt und keine Revolution wird den Wunsch nach Kindern abschaffen können.

In einer Beziehung sollte man nicht in jeder Beziehung übereinstimmen wollen, denn die Attraktivität besteht auch im Anderssein des anderen.

Schlussverkauf: Kleider machen Beute für die Meute.

Wenn man keine Kohle mehr hat, dann sitzt man auf glühenden Kohlen.

Tu, was du nicht lassen kannst und lasse, was du nicht tun kannst.

Arbeitslosigkeit: Auf die Einstellung kommt es an - der Arbeitgeber muss sie haben und der Arbeitnehmer muss sie bekommen.

Wir leisten Arbeitszeit ab, um uns Freizeit leisten zu können.

Gibt es noch ein Gesprächsthema, zu dem es keine Talkshow gibt ?

Wo rohe Gemüsesäfte sinnvoll walten, da kann sich auch gesunde Kraft entfalten.

Anpassung: Ich sage nicht was ich denke, denn ich denke, dass ich dann nicht mehr das Sagen habe.

Eigenverantwortung ist für viele selbstverständlich nicht von selbst verständlich .

Wer im Mittelpunkt steht, um den kreisen die Gerüchte.

Kreativität besteht in dem Kunstgriff, das ergreifen und begreifen zu können, was in der Luft liegt.

Auf seiner felsenfesten Überzeugung lag der Schnee von vorgestern - .

Schlaganfall: Die Glühbirne brennt durch - .

Männer helfen nach Kräften im Haushalt, wobei sie allerdings mit ihren Kräften haushalten.

Dem Vegetarier sind Fleischwaren wurscht.

Die Werbung wird einem heute zu bunt, aber man reklamiert keine Reklame in einem Alltag, der grau ist.

Zärtlichkeit bedeutet auch: Gegenseitig sich die Wunden lecken - .

Wenn man jemandem die Butter vom Brot nimmt, hat er sein Fett weg, d.h. gesundheitlich ist wieder alles in Butter.

Schweigen ist Gold, denn manche Worte, die einem im Halse stecken bleiben, sind mit Gold nicht aufzuwiegen.

Nicht nur der Diabetiker muss heute seinen Broteinheitenkorb höher hängen.

Wenn die Sonne der Konkurrenz aufgeht, kräht kein Hahn mehr nach dir - .

Arbeitslosigkeit: Wenn man zu einer Entlassung verpflichtet ist, entlässt einen das aus jeder Verpflichtung ?

Vor Gott gibt es kein Ansehen der Person, vor Halbgöttern spielt das Ansehen der Person eine Rolle: Wer angesehen ist, wird angesehen - !

Früher war die Creme der Gesellschaft auch fett, um zu zeigen, dass sie bei jeder Gelegenheit den Rahm abgeschöpft haben.

Lachen ist wie ein Lackmustest: Wenn der andere rot wird, dann reagiert er sauer.

Schlechte Laune ist Aggression mit angezogener Bremse.

Wenn beim Flirten die andere Frau aus vollem Herzen lacht, hat man schon halb ihr Herz gewonnen.

Bei Gewissensbissen habe ich nicht mehr den gewissen Biss und gehe oft auf dem Zahnfleisch.

Wer ein Herz aus Stein hat, wird auch steinalt.

Der Klügere gibt nach, ohne sich was zu vergeben.

Die besten Lesefrüchte vom Baum der Erkenntnis sind die harten Nüsse.

Wahlkampf: Von rhetorischen Platzpatronen bleiben meist nur leere Worthülsen übrig.

Versuchung Genmanipulation und Klonen: Die Schlange des Äskulap ist ein entfernter Verwandter der Schlange im Paradies ? Ihr werdet sein wie Gott - unsterblich ?

Beim Gesunden ist unbewusst alles in Ordnung; der Kranke wird sich bewusst, dass irgend etwas nicht in Ordnung ist.

Für unsere schlimmen Taten findet man immer Zeugen, die guten Taten will keiner bezeugen, es sei denn, es zahlt sich für ihn aus !

Durch Schaden wird man klug - und Klugheit hat noch keinem geschadet; doch auch hier ist Schadensbegrenzung angesagt.

Erinnerungen bilden das Geschichtsbuch des eigenen Lebens, ein Tage-Buch, welches wir mit ins Grab nehmen.

*Bei der Verleihung des Bundesverdienstkreuzes*
*1. Klasse am Band durch*
*Bundespräsident Roman Herzog in Berlin*

*(1995)*

Besonders lebendig ist die Erinnerung an eine tote Vergangenheit.

Wenn man ein Eisen im Feuer hat, schmiedet man auch Pläne.

Welchen Erfolg leisten wir uns, wenn von uns keine Leistung mehr erfolgt?

Wer die materielle Not anderer ausnutzt, bringt sich selbst in eine seelische Notlage.

Dass man sich dem Schicksal beugt, dafür muss man selbst geradestehen.

Wem das Herz voll ist, dem läuft der Mund über: Dann ist Schweigen mehr als Gold wert.

Mobbing: Mitarbeiter, die mit anderen gegen einen arbeiten.

In der Not sitzen wir alle in einem Boot - und zanken uns um den Platz am Steuer !

Um Anerkennung zu finden, muss man entweder nach einer großen Tat früh sterben oder voller Tatendrang lange leben.

Es gibt Wohnungen, die verleiten einen zum Nichtstun, weil sie in nichts an einen Arbeitsplatz erinnern - und umgekehrt: Es gibt Wohnungen, die reizen zum kreativen Arbeiten.

Ökologie: Wenn die Umgebung stimmt, sind wir auch von der richtigen Stimmung umgeben.

Selbsterkenntnis: Eigenliebe macht blind, und erst in der Not findet so ein blindes Huhn ein Körnchen Wahrheit, welches ihm die Augen öffnet.

Auf dem Gipfel des Erfolges wissen wir, dass es von nun an bergab geht: Deshalb wollen wir immer höher hinaus, denn Steigungen sind Steigerungen !

Vermehrung macht auch, dass sich Macht vermehrt: Gilt für fast jede Art von Vermehrung außer Vermehrung von Dummheit.

Reden, um etwas von anderen zu erfahren, ist Silber, Schweigen, damit andere nichts von mir erfahren, ist Gold.

Gegen die Dummheit mancher uneinsichtiger Patienten kämpfen Halbgötter selbst vergebens.

Wartezeiten sind harte Zeiten, die einen mit der Zeit weich kriegen.

Wenn ich meine Wünsche nicht verwirklichen kann, verwünsche ich die Wirklichkeit.

Wie oft hat man seinen Feinden verziehen in der Hoffnung, sie würden sich verziehen.

Sinnesorgane sind Organe mit Sinn, daher sollten sie auch sinnvoll eingesetzt werden, aber oft verschließen wir Augen und Ohren vor dem Sinnlosen dieser Welt.

Beflissenheit heißt, mit selbstlosem Fleiß einem anderen zu dienen.

Der Gerissene kennt sich bei Aufreiß- und Ausreißversuchen gut aus.

Weisheit ist, was man klugerweise nicht von sich gibt.

Normalerweise kann man dem Erfolgreichen nicht das Wasser reichen, das kann man erst, wenn dieser sich auf einer Durststrecke befindet.

Keiner möchte so sein wie der andere - und so müssen wir mit der Ungerechtigkeit der Welt vorliebnehmen.

Schon wegen der Kirchturmspolitik sollte man die Kirche im Dorf lassen !

Bei der Suppe, die wir uns mit unserer Ernährung einbrocken, hilft auch keine Fettaugenwischerei.

Einem Sonderangebot muss man zubilligen können, dass guter Rat nicht immer teuer sein muss.

Briefschluss: Wir verbleiben einvernehmlich im gegenseitigen Vereinnehmen.

Lebe dich aus, indem du aus dir lebst.

Die ganz persönliche Gesundheitsreform: Disziplinierende Ängste.

Wenn man unangenehme Dinge unter den Teppich kehrt, sollte man nicht viel Staub aufwirbeln.

Eine zündende Idee entflammt immer auch den Feuereifer der Konkurrenz.

Nimm dir Zeit in deinem Leben - von deiner Lebenszeit.

Wenn man zuviel des Guten tut, tut das nicht gut.

Weisheit ist, wenn man aus sich selbst klug wird und andere nicht für dumm verkauft.

Wenn man mit dem Strom schwimmt, geht die Selbstverwirklichung den Bach herunter.

Wenn man schon den Kopf verliert, sollte man auf die Zähne beißen und gute Nerven behalten indem man die Ohren steif und die Augen offen hält !?

Wenn man nach oben kommt, kommt man heute ziemlich herunter, was als unziemlich empfunden wird.

Angriff soll die beste Verteidigung sein: Warum greift heute jeder jeden an ? Was verteidigen wir denn ?

Ökologie: Ohne die Natur würde man es auf der Welt nicht aushalten !

Wenn ich außer mir bin, kann man sich am wenigsten in mich hereinversetzen.

Das Seelisch-Unbewusste drückt sich oft sehr bewusst körperlich aus.

Macht man Karriere, wenn man alles macht, um Karriere zu machen?

Hoffnung ist der Glaube an eine bessere Zukunft.

Nur geistig Beschränkte können keine Fehler einräumen - aus Platzmangel.

Mir fällt immer mehr auf, dass mir immer weniger einfällt.

Was auf der Hand liegt, ist nicht von der Hand zu weisen.

Nicht jeder, der einen Vogel hat, hat auch ein Spatzengehirn.

Wer nicht aufs Ganze gehen will, hofft, dass es auf halbehalbe hinauslauft.

Eine Hypothese ist eine Hypothek auf unbewiesene Tatsachen.

Oft verbrennt man sich den Mund, wenn man für andere die Hand ins Feuer legt.

Viele versuchen, sich mit Hilfe einer Maske zu profilieren, damit sie ihr Gesicht nicht verlieren.

Im Alter behält man nichts mehr, aber die Tatsache behält man besser für sich, denn, wenn man geistig abfällt, fällt man unangenehm auf.

Der Pessimist ist ein Wahrsager mit der höchsten Trefferquote.

Selten werden heiße Eisen angepackt - aus Angst man könne sich die Finger verbrennen.

Zahnarztkosten: Die Haare auf den Zähnen stehen einem zu Berge.

Manche können es nicht lassen - das nicht Loslassen können.

Das Böse gehört zum Egoismus wie die Flosse zum Fisch: Man kommt weiter damit !

Tue Gutes, wenn es dir gut tut, tue aber nicht Böses aus dem gleichen Grunde.

Alt fühlt man sich, wenn es keine Steigerungsmöglichkeiten mehr im Leben gibt.

Eifersucht: Man hasst den anderen, wenn er hat, was man liebt, weil man das Geliebte dann weniger liebt: Das Geliebte in ungeliebten Händen zu wissen.

Plagiat: Der Geistige-Vater-Komplex unter dem der Kreative leidet.

Der Genesene lebt wie eine Eintagsfliege, so, als ob jeder Tag für ihn der letzte sei.

Die meisten Hellseher sehen die Zukunft äußerst dunkel.

Wer selten zu Wort kommt, kann sich heute jederzeit schriftlich weltweit Gehör verschaffen: Internet.

In den Träumen tritt man nachts in den Schatten, den der Tag geworfen hat.

Er handelte hirnverbrannt - aufgrund geistiger Dürre.

Man soll auch mal aus dem Bauch heraus handeln, vor allem wenn einem etwas auf den Magen geschlagen ist oder man Blähungen hat.

So lange er noch Blähungen hatte, war bei ihm noch längst nicht die Luft heraus.

Man soll seinen Chef nicht in den Himmel heben, damit man ohne ihn nicht die Hölle auf Erden hat.

Man soll nicht über den Durst trinken, bloß um den anderen unter den Tisch zu trinken, auch wenn die Wahrheit zum Kotzen ist, die man gehört hat.

Bei einer Ideenflucht bekommt man schnell fixe Ideen, die oft von der Fluchtlinie stark abweichen.

Der Gedanke an Gedankenlosigkeit lässt einen nicht los: Angst vor Alzheimer und Altenheim.

Wenn es den reißerischen Aufhänger gibt, ziehen alle Journalisten an einem Strang.

Als Wissenschaftler unterliegt man zunächst dem Zweifel, hofft aber auf einen Sieg im Rückspiel.

Die beste Faustregel lautet: Regele nichts mit der Faust !

Wer liebt, wird in gewisser Weise neugeboren: Er tritt in die Welt des anderen ein.

Der schwierigste Kuhhandel ist der, wenn so manche heilige Kuh erst mal vom Eis muss !

Ehrgeiz: Nicht einer von vielen, sondern einmalig unter vielen sein.

Nicht der Besitz materieller Schätze ist so wichtig, sondern wichtiger ist, dass wir geistigen Besitz schätzen lernen.

Weiche Birne: In einer harten Schale steckt ein weicher Kern.

Sektlaune: Man hat einen Knall - es sprudelt nur so aus einem heraus !

Der Unpünktliche verspätet sich immer pünktlich um die gleiche Zeit.

Der Psychotherapeut ist Gärtner in der Seelenlandschaft des Patienten, der Psychiater dagegen betätigt sich mehr als Landschaftsmaler.

Geistesblitze kommen oft wie aus der Pistole geschossen, vor allem bei heftigen Auseinandersetzungen.

Die ganz Bescheidenen stellen ihr Licht nicht nur unter den Scheffel, sondern den Scheffel auch noch in den Schatten.

Gegensätzlich: In einer Talkshow plaudert man aus der Schule (ohne Abschluss), in einem Rethorik-Kurs schult man das Plaudern (mit Abschluss).

Knast: Wer sitzt, hat einen schweren Stand; aber wenn man zu einer Verfehlung steht, dann muss man eben sitzen, bis man wieder auf freiem Fuß ist.

Seniorenstudium: Seitdem sein Leben aussichtslos geworden war, erweiterte er ständig seinen Horizont.

Untergangsstimmung geht über meinen verstandesmäßigen Horizont.

Das Schlimmste für einen Deutschen bestand einmal darin, eine Uniform gegen Zivilkleidung tauschen zu müssen; heute ist es umgekehrt.

Als Chef sollte man mit seinen Mitarbeitern ins Gespräch kommen, und nicht bei seinen Mitarbeitern ins Gerede.

Bei einem Verdacht, der sich nicht bewahrheitet, hat man sich verdacht.

Selbstgefällig ist das, was anderen nicht gefällt.

Wahlen: Erst gibt man seine Stimme ab, um dann bei Verkündung des Ergebnisses sprachlos zu sein.

Talkshow: Öffentlich mitgeteiltes Leid ist scheinbar halbes Leid, aber der Zuschauer ganze Schadenfreude.

Diejenigen, die einen unterbuttern, möchten gerne selbst den Rahm abschöpfen.

Zwischenmenschliche Spannungen: Die Anziehungskraft der Fliehkräfte.

Wer nicht wirbt, der stirbt, d.h. wer lange lebt, sollte für ein entsprechendes Medikament werben ? Oder wer stirbt, wirbt nicht mehr für eine bestimmte Zigarettenmarke.

Der Eifersüchtige macht in seiner Wut Fehler, die ihn noch aggressiver machen, weil er sich auch über diese Fehler ärgert.

Ein Geschenk, welches nie zurückgewiesen wird: Wenn man Vertrauen schenkt !

Wenn in einer Beziehung der Partner unter dem eigenen Niveau ist, klappt es auch unterhalb der Gürtellinie besser.

Höre auf den Rat deiner falschen Freunde und tue das Gegenteil !

Wenn man die Literatur über das Waldsterben durchforstet, sieht man vor lauter Bäumen den Wald nicht mehr.

Wenn man über den Tellerrand sieht, sollte man nicht nur voller Neid nach dem Haar in der Suppe des anderen suchen.

Die eigenen Fehler entschuldigt man am ehesten, wenn man sie bei den eigenen Kindern auftauchen sieht - und umgekehrt.

Er setzte ihr Raupen in den Kopf in der Hoffnung, dass sie dann bald Schmetterlinge im Bauch haben würde.

Einer ist des anderen Wolf - im Schafsfell.

Man pfeift ganz besonders laut in dem Wald, den man vor lauter Bäumen nicht mehr sieht: Platzangst.

Lebenslang wehren wir uns gegen Naturgesetze in uns: Gegen den Esstrieb, den Sexualtrieb und gegen das durch Krankheit bedingte Sterben-Müssen.

Vorurteil: Bei einer vorgefassten Meinung fasst man nicht mehr nach.

Frust: Trotz Fleiß kein Preis - !

Man soll die Kirche im Dorf lassen, das heißt auf Kölsch: Mer losse der Dom in Kölle.

Herzensgüte ist oft bei medizinisch nicht so guten Herzen anzutreffen.

Hirnwindungen dienen als Bremse, so dass besonders aggressive Gedanken die Kurve kratzen - !

Psychotherapie: Hauptsache, man lässt sich von der Neurose des Therapeuten nicht jeck machen.

Doping: Die Tatsache, dass man gewinnt, hat man manchmal im Urin - !

Hintergrundwissen ist der Untergrund abgründiger Intrigen.

Ein Gerücht entsteht dadurch, dass man von einer Sache etwas hat läuten hören und das nun an die grosse Glocke hängt.

Was zu einem passt, das verleibt man sich ein, daher kann es nur unter schmerzhafter Verletzung wieder abgelöst werden.

Die Pfleger der Pflegebedürftigen bedürfen ebenfalls der Pflege.

Man lernt aus seinen Fehlern - sich selbst kennen.

Wie gut, dass wir nicht wissen, dass viele, die uns zuhören, gar nicht hinhören.

Unsere Zeit ist schnelllebig, trotzdem leben wir länger - .

Wenn man nur von Mittelmäßigkeit umgeben ist, ist es nicht schwer, als außergewöhnlich zu gelten.

Wenn man das Kind mit dem Bade ausgeschüttet hat, ist es in der Regel auch in den Brunnen gefallen.

Im Kreuzverhör stellt sich heraus, ob jemand Rückgrat hat.

Der Bankrotteur: Ein Lump lässt sich nicht lumpen, ehe er geht in Lumpen, geht er hin, um sich für Kleidung Geld zu pumpen.

Mit Tränen ist schon so manches Schäfchen ins Trockene gekommen.

Wer vor Selbstmitleid weint, sieht nicht den Balken im eigenen Auge, denn Wasser hat keine Balken.

Auf frostige Worte folgt logischerweise eisiges Schweigen.

Das Nackte wird immer angestarrt - außer dem erhobenen Zeigefinger.

Bevor wir den Löffel abgeben, schöpfen wir noch einmal mit ihm Verdacht und ändern das Testament.

Wenn man sein Pulver verschossen hat, dann bleiben einem nur noch die Worthülsen.

Der Verhehler ist schlimmer als der Stehler: Ideenklau.

Tragisch ist, wenn man endlich auf einen grünen Zweig kommt und dann sitzt da schon der Kuckuck drauf !

Es gibt Augenblicke, die aus Augen-Blicken bestehen, die unvergesslich sind, weil augenblicklich unsere Seele berührt wurde - .

Worauf es ankommt ? Dass man ankommt !

Jeder Tiefpunkt sollte der Beginn einer Geraden sein, die nach oben führt.

Immer wenn man Farbe bekennen muss, wird man blass - !

Es ist nicht leicht aus dem Windschatten derjenigen herauszutreten, die viel Wind machen.

Erfolg ist das, was wir vorübergehend dafür halten.

Wenn man ein Auge zudrückt, bekommt man einen ganz anderen Blickwinkel, und zwar um so mehr, je näher die Dinge liegen.

Auch Opportunisten schwimmen gegen den Strom - im Schlepptau der Zugkräftigen !

Was mir nichts bringt, bringe ich auch nicht.

Was sich zwischen den beiden Beinen abspielt, ist oft das Gegenteil von dem, was sich zwischen beiden Ohren abspielt.

Nichts setzt mehr Grenzen als grenzenlose Angst.

Durch die Kunst kann Gott zu uns sprechen, den Künstler könnte man als Gottes Handwerker bezeichnen

Wer rastet, der rostet: Ohne Fleiß ein Greis !

Wenn wir ein Ziel verfolgen, zielt das meist auf Erfolg ab.

Bleibe im Lande und wehre dich redlich !

Wer anderen gehorcht, ist hörig, wer auf andere hört, gehorcht seiner inneren Stimme.

Wer anderen die Stirn bietet, sollte dabei nicht verraten, was er im Hinterkopf hat.

Diskussion: Fraglos zuhören auf fragwürdige Antworten, die man für sich in Frage stellt.

Demokratie: Der Rechts-Weg ist ausgeschlossen

Zinsen: Zuzahlungen, bei denen sich das Eingezahlte auch auszahlt.

Wer Macht besitzt, wird auch durch Macht besessen.

Einbildung ist auch eine Bildung - von Krankheiten.

Oft fällt man aus dem Rahmen, weil man nicht im Bilde ist.

Faulheit ist kein Tätigkeitsmerkmal im Amtsdeutsch, denn da nennt man das mentale Unmotiviertheit.

Es gibt nicht nur Unterlassungssünden, sondern auch Überlassungssünden.

Verantwortung: Was übernimmt man nicht alles, um nicht alles übernehmen zu müssen.

Auf der Talsohle wachsen die Bäume nicht in den Himmel, und auf den Bergen gibt es Gottseidank eine Baumgrenze !

Die Gedankenlosen sind frei, die losen Gedanken auch !

Bleib mit deinen Problemen auf dem Teppich, dann kannst du auch nichts unter den Teppich kehren !

Fremdbestimmung: Man tut das, was man nicht will, und will das, was man nicht tut.

Kreativität: Gedankengänge unter der Hirnrinde oder hirnrissige Gedankensprünge zwischen Hirnstamm und Hirnrinde !

Talkshow: Eine öffentliche Beichte, die man privat bereut und für die man büßen muss.

Satire heißt, die Schokoladenseite des Lebens durch den Kakao ziehen.

Manchmal ist es notwendig, der Not gehorchend zu handeln.

Wer anderen eine Grube gräbt, tut es meist heimlich, sozusagen in Schwarzarbeit.

***Die Brille fällt weg - man wird weitsichtiger***

***(1998)***

Um zu denken, muss man erst umdenken lernen.

Die richtige Einschätzung, um sich nicht zu verschätzen: Andere nicht unterschätzen, sich selbst nicht überschätzen.

Ich habe mich gebogen vor Lachen: Eine Verbeugung vor dem Witz !

Man kann dem anderen auch durch Anbaggern eine Grube graben.

Anpassung bedeutet heute alles: Selbst der Elefant im Porzellanladen ist jetzt aus Porzellan.

Unser Denkvermögen ist beschränkt, denn es beschränkt sich heute nur noch darauf ans Vermögen zu denken.

Es bleibt wie es bleibt: Viele satteln um, aber sie wechseln nicht die Pferde !

Der Gedanke an das Ende des Lebens lässt sich während des Lebens nicht zu Ende denken.

Selbsterkenntnis ist der erste Weg zur Besserung - von eigenen Erkenntnisprozessen.

Gute Vorsätze brauchen gute Ansätze.

Ein Star ist unnahbar - Rampen- und Blitzlichtjahre entfernt von uns.

Es sind die Holzköpfe, die meist ein Brett vor dem Kopf haben.

Ratschlägen von radschlagenden Pfauen sollte man nicht trauen.

Er hatte was „an de Fööss" - Fußpilz !

Wenn ich außer mir bin, habe ich einen neben mir gehen.

Erzähle nicht was du alles kannst, sondern entwickele ein Können, von dem andere erzählen.

Er war kurz angebunden, weil sie ihn an der kurzen Leine hielt.

Ein Anflug von Melancholie ist immer auch ein Ausflug in die eigene Seelenlandschaft.

Allzuviel ist ungesund, allzu gesund ist auch zuviel.

Neid: Wenn andere auf Rosen gebettet sind, so ist das einigen ein Dorn im Auge.

Einkommen ist ein Abkommen über das, mit dem man auskommen soll: Das gilt auch für die Steuereinkommen und den Staat.

Wie man sich bettet, so liebt man.

Was von unserer Arbeit bleiben soll: Dass wir Bleibendes erarbeiten.

Erfolg macht süchtig, denn er macht attraktiv, verlangt nach lustvoller Steigerung und muss immer wiederholt werden.

Nicht die Leistung zählt, sondern die durch die Medien öffentlich gemachte Leistung !

Wer bekannt ist wie ein bunter Hund, muss nicht mit den Wölfen heulen, sondern darf mit ihnen bellen.

Der Prominente hat viele Bekannte, die durch ihn bekannt werden wollen.

Seitdem ihn der Chef zur Schnecke gemacht hat, schleimte er.

Man kann nicht alles tun, was man will, aber das, was man tut, muss man wollen.

Wer das Ruder herumwerfen will, sollte auch den Steuermann wechseln.

Zu dumm: Dumm gelebt, dumm geliebt, dumm gelaufen - .

Jede Medaille hat zwei Seiten: Eine Licht- und eine Schattenseite.

Bei Ausreden soll man die Leute nicht ausreden lassen.

Der Sündenbock hat keinen Bock darauf, für die Sünden anderer seine Hörner hinzuhalten.

„Gu"t ist man nur, wenn es einem selbst dabei nicht gut geht. „Schlecht" ist man immer, wenn es einem selbst dabei nicht schlecht geht.

Man muss die Stirn haben, seinen Kopf durchzusetzen, Ellenbogen haben, um vor anderen eine Elle Vorsprung zu bekommen, und einen guten Schließmuskel haben, damit einem keiner in den Arsch kriecht.

Meine Sprüche: Rücksichtsvolle Ansichten zu vorsichtigen Einsichten.

Es wäre klüger, clever zu sein, aber es wäre noch cleverer, dabei nicht als klug zu erscheinen.

Man sollte andere nicht verheizen, um an Kohle zu kommen.

Krumme Touren sind immer noch die bequemsten Schleichwege, um schnell ans Ziel zu kommen.

Sie war ausgesprochen ansprechend, sprach aber nach einer Aussprache nicht auf ihn an.

Wenn man sich in dieser Welt nur noch über den Nutzen verständigt, nutzt das dem Verständnis für diese Welt wenig.

Bescheidenheit: Er hatte es sich abgeschminkt, dick aufzutragen.

Von Vorgesetzten fühlt man sich immer zurückgesetzt.

Der Klügere gibt nach, denn die Sturheit der Dummen, gegen die Götter schon vergebens gekämpft haben, schadet seiner Gesundheit.

Gemeinheit ist, wenn man einem erst Sand in die Augen streut und ihn dann in die Wüste schickt: Kündigungen.

Früher hat man sich noch etwas von Herzen geschenkt, heute fühlt man sich verpflichtet aus Gründen des Verstandes, etwas zu schenken.

Wer andere schlecht macht, macht es schlecht - für sich.

Wenn zwei sich verstehen, ärgert sich ein Dritter: Eifersucht.

Die Schwarz-Weiß-Maler wollen nicht gerne Farbe bekennen.

Wer nicht ganz dicht ist, gibt auch Sachen von sich, die hirnrissig sind.

Das Dilemma der Kirchen: Man redet vom Glauben, aber man glaubt diesen Reden nicht.

Die Kunst versucht das Wesentliche der Natur zu abstrahieren.

Die Oberflächlichkeit ist das, was die Medien zutiefst miteinander verbindet - und mit uns.

Pleite: Wenn man den Boden unter den Füßen verloren hat, kann man nichts mehr auf die Beine stellen.

Aus gutem Grund befindet sich unterhalb des Gehirns der Mund: Beim Küssen kann der Verstand noch eingreifen !

Selbstwertgefühl beruht auf Selbstbewusstsein ohne sich dessen selbst bewusst zu sein.

Gute Vorsätze sind oft Nachsätze zu schlechten Erfahrungen - mit sich selbst.

Auch Jäger und Gejagte haben etwas Gemeinsames: Bei Nacht sind alle Katzen mausgrau !

Versorgt sein ist alles - darum sind alle besorgt.

Erwachsen wird man, wenn man mehr auf die eigene innere Stimme hört als auf die Stimmen anderer von außen.

Wirklich frei ist der, dessen Stimmung nicht von der Stimmung anderer abhängt.

Im übrigen: Meine Selbstgespräche sprechen für mich !

Und: Jeder, der publiziert, ist eitel - vom Fußpilz bis zum Hirnschmalz unterm Scheitel !

Man ist so alt wie man sich spielt.

Eine richtige Entschuldigung schließt die eigene Beschuldigung mit ein.

Man lernt nie aus: Aus diesem Satz sollte man lernen.

Einmal oben, immer oben : Prominenz, die ewige Wiederkehr der Gleichen und Reichen, die nicht weichen.

**Aphorismen-Bücher von Gerhard Uhlenbruck:**

**Ins eigene Netz**
Josef Stippak Verlag, Aachen (1977)

**Ein-fach-gesimpelt**
Josef Stippak Verlag, Aachen (1979)

**Frust-Rationen**
Josef Stippak Verlag, Aachen (1980)

**Keiner läßt seine Masche fallen**
Josef Stippak Verlag, Aachen (1981)

**Nächstenhiebe**
Josef Stippak Verlag, Aachen (1983) (1999)

**Eigenliebe macht blind**
Josef Stippak Verlag, Aachen (1985)

**Medizinische Aphorismen**
Jungjohann Verlag, Heidelberg (1982)

Uhlenbruck, G., Skupy, H. H., Kersten, H. H.:
**Ein gebildeter Kranker**
Gustav Fischer Verlag, Stuttgart (1981) (1983) (1990)

Uhlenbruck, G., Skupy, H. H.:
**Der Mensch und sein Arzt**
Ott Verlag, Thun (1980)

**Den Nagel auf den Daumen getroffen**
Deutscher Ärzte Verlag, Köln (1980) (1983) (1986)

**Mensch ärgere mich nicht**
Deutscher Ärzte Verlag, Köln (1984) (1985)

**Kölner Klüngel Kalender**
Rhein-Eifel-Mosel Verlag, Brauweiler (1987)

**Kaffeesätze**
Spiridon Verlag, Düsseldorf (1987)

**No body is perfect**
Rhein-Eifel-Mosel Verlag, Brauweiler (1989)

**Aphorismen**
Ott Verlag, Thun (1989)

**Darum gehts nicht**
Edition Ahland, Verlag und Software, Hilden (1990)

**Ein-Satz-Diagnosen**
Mediteg Verlag, Werheim (1991)

**Das darf doch wahr sein**
Edition Ahland, Verlag und Software, Hilden (1994)

**Medizinische Aphorismen**
Natura Med Verlagsgesellschaft, Neckarsulm (1994)

**Kunter Bunte Sätze**
Ralf Reglin Verlag, Köln (1996)

**Nichtzutreffendes bitte streichen**
Ralf Reglin Verlag, Köln (1996) (1998)

**Wieder Sprüche zu Widersprüchen**
Ralf Reglin Verlag, Köln (1997) (1998)

**Denkanstöße ohne Kopfzerbrechen**
Ralf Reglin Verlag, Köln (1998) (1999)

**Der Zweck heiligt die Kittel**
Ralf Reglin Verlag, Köln (1999)

**Die Wahrheit lügt in der Mitte**
Ralf Reglin Verlag, Köln (1999)